Essentials liefern aktuelles Wissen in konzentrierter Form. Die Essenz dessen, worauf es als „State-of-the-Art" in der gegenwärtigen Fachdiskussion oder in der Praxis ankommt. Essentials informieren schnell, unkompliziert und verständlich

- als Einführung in ein aktuelles Thema aus Ihrem Fachgebiet
- als Einstieg in ein für Sie noch unbekanntes Themenfeld
- als Einblick, um zum Thema mitreden zu können.

Die Bücher in elektronischer und gedruckter Form bringen das Expertenwissen von Springer-Fachautoren kompakt zur Darstellung. Sie sind besonders für die Nutzung als eBook auf Tablet-PCs, eBook-Readern und Smartphones geeignet.

Essentials: Wissensbausteine aus den Wirtschafts, Sozial- und Geisteswissenschaften, aus Technik und Naturwissenschaften sowie aus Medizin, Psychologie und Gesundheitsberufen. Von renommierten Autoren aller Springer-Verlagsmarken.

Monika Wastian · Isabell Braumandl
Silke Weisweiler

Führung und Mikropolitik in Projekten

Der psychologische Faktor im Projektmanagement

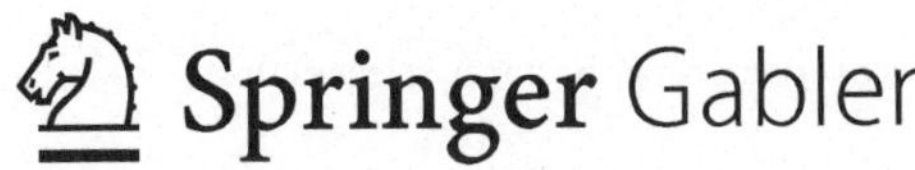

Dipl.-Psych. Monika Wastian
Institut für Organisationspsychologie
München
Deutschland

Dipl.-Psych., Dipl.-Ök.,
Isabell Braumandl
Coaching- & Beratungs-Centrum
Regensburg
Deutschland

PD Dr. Silke Weisweiler
LMU Center for Leadership and People
Management
München
Deutschland

ISSN 2197-6708   ISSN 2197-6716 (electronic)
essentials
ISBN 978-3-658-10320-0   ISBN 978-3-658-10321-7 (eBook)
DOI 10.1007/978-3-658-10321-7

Die Deutsche Nationalbibliothek verzeichnet diese Publikation in der Deutschen Nationalbiblio-
grafie; detaillierte bibliografische Daten sind im Internet über http://dnb.d-nb.de abrufbar.

Springer Gabler
© Springer Fachmedien Wiesbaden 2015

Gedruckt auf säurefreiem und chlorfrei gebleichtem Papier

Springer Fachmedien Wiesbaden ist Teil der Fachverlagsgruppe Springer Science+Business Media
(www.springer.com)

Was Sie in diesem Essential finden können

In diesem Essential lernen Sie einen Führungsansatz kennen, der die Besonderheiten der Projektarbeit aufgreift, indem er Psychologie und Projektmanagement integriert. Die Führung in Projekten ist prozess- und zielorientiert und umfasst neben dem „klassischen" Projektmanagement auch das Selbstmanagement des Projektleiters und die Führung von Menschen – den Mitarbeitern und anderen Stakeholdern im Projektkontext. Letztere steht im Mittelpunkt des Essentials.

Folgendes können Sie in diesem Essential finden:

- Einen Überblick zu den Dimensionen der prozess- und zielorientierten Führung in Projekten, vor allem zur Führung von Mitarbeitern und zum Stakeholdermanagement in Projekten;
- psychologische Hintergründe, basierend auf Theorien und Erkenntnissen zur Prozess- und Zielorientierung, zur Mitarbeiterführung und zur Mikropolitik;
- konkrete Hinweise auf typische Fallstricke und Fehler – und wie sie sich umgehen lassen;
- eine Checkliste mit Empfehlungen für die prozess- und zielorientierte Führung und Mikropolitik in Projekten.

Vorwort

Dieser Beitrag basiert auf einer vollständig überarbeiteten und erweiterten Version des Kapitels „Führung in Projekten – eine prozessorientierte Zukunftsperspektive" im Herausgeberband „Zukunft der Führung" von Sven Grote, erschienen 2012 im Verlag Springer Gabler.

Die Bedeutung von Projektarbeit nimmt im Vergleich zu klassischen Management- und Lenkungsformen stetig zu. Daher wird die Führung der Zukunft – auf allen hierarchischen Ebenen bis hin zum Topmanagement – zunehmend eine Führung von und in Projekten sein. Klassische Führungstheorien beschäftigen sich aber kaum mit den Besonderheiten der Projektarbeit, und Vorgehensmodelle im Projektmanagement vernachlässigen oft die psychologische Seite der Projektleitung. Wir stellen deshalb einen neuen Ansatz zur Führung in Projekten vor, der diese Besonderheiten aufgreift und integriert. Er ist prozess- und zielorientiert und er umfasst neben dem klassischen Projektmanagement auch das Selbstmanagement des Projektleiters sowie die Führung von Mitarbeitern und anderen Stakeholdern. In diesem Beitrag liegt der Fokus auf der prozess- und zielorientierten Mitarbeiterführung und der Mikropolitik im Stakeholder-Netzwerk. Zudem werden Handlungsempfehlungen zur prozessorientierten Mitarbeiterführung und für das psychologische Stakeholdermanagement abgeleitet.

Inhaltsverzeichnis

Angaben zu den Autorinnen

Dipl.-Psych. Monika Wastian
Institut für Organisationspsychologie
Postfach 14 03 61
80453 München
E-Mail: info@inforp.com
Homepage: www.inforp.com

Dipl.-Psych., Dipl.-Ök.
Isabell Braumandl
Coaching- & Beratungs-Centrum
Im Gewerbepark A45
93059 Regensburg
E-Mail: info@cobece.de
Homepage: www.cobece.de

PD Dr. Silke Weisweiler
LMU Center for Leadership and People Management
Geschwister-Scholl-Platz 1
80539 München
E-Mail: weisweiler@psy.lmu.de
Homepage:
http://www.peoplemanagement.uni-muenchen.de

Einleitung 1

Der rasante technologische und ökonomische Wandel in den letzten Jahren, die Globalisierung und der wachsende Wettbewerbsdruck erfordern von Organisationen ein hohes Maß an Flexibilität. Unternehmen stehen unter einem hohen Innovationsdruck, müssen in immer kürzer werdenden Zyklen neue Produkte auf den Markt bringen oder ihre Strukturen und Abläufe flexibel an die veränderlichen Anforderungen und Bedingungen anpassen.

Die Bedeutung der Projektarbeit nimmt vor diesem Hintergrund seit einigen Jahren stetig zu und klassischen Management- und Lenkungsformen wird bereits das „Aus" vorhergesagt (Raelin, 2011). Vielmehr erfordere die Postindustrialisierung Unternehmensstrukturen und -ordnungen, in welchen Macht und Verantwortung zu den gerade anstehenden Aufgaben und Akteuren flössen. An die Stelle der Führung durch Einzelne trete eine gemeinsame Führung und Steuerung und das dominante Vehikel der unbürokratischen, flexiblen Organisationsformen sei das Projekt, welches als selbst gesteuerte Einheit den Bedarf nach strategischer Lenkung von oben reduziere (ebenda, S. 145).

Die Führung der Zukunft wird deshalb zunehmend eine Führung von und in Projekten sein. Herkömmliche Führungsansätze lassen sich dabei nicht eins zu eins auf den Projektkontext übertragen, denn Projekte weisen eine Reihe spezifischer Merkmale und Herausforderungen auf, in welchen sie sich von anderen Arbeitsformen unterscheiden. Typische **Kennzeichen von Projekten** (von Rosenstiel, Braumandl, & Wastian, 2012, S. 11) sind unter anderem

© Springer Fachmedien Wiesbaden 2015
M. Wastian et al., *Führung und Mikropolitik in Projekten,* essentials,
DOI 10.1007/978-3-658-10321-7_1

- Neuartigkeit und Einzigartigkeit,
- Komplexität,
- Interdisziplinarität,
- klare Zielsetzung (inhaltlich, zeitlich, in Bezug auf die Kosten),
- klar definierter Anfang und klar definiertes Ende,
- begrenzte Ressourcen (Zeit, Geld, Personal).

Auf diese Besonderheiten und die daraus entstehenden Anforderungen an die Führung in Projekten gehen wir in diesem Beitrag ein.

Vorweg gesagt: Eine psychologische Führungstheorie des Projektmanagements gibt es noch nicht. Wir werden deshalb im Abschn. 3 führungsrelevante Konzepte aus der Psychologie und dem Projektmanagement integrieren, um die Grundlagen für einen Führungsansatz in Projekten zu schaffen. Den Ausgangspunkt hierfür bilden die **Definition von Projekten** sowie die **Projektmanagement-Definition** nach DIN 69901-5 (2009b). Demnach stellt ein Projekt ein Vorhaben dar, „das im Wesentlichen durch die Einmaligkeit der Bedingungen in ihrer Gesamtheit gekennzeichnet ist„ - z. B. " Zielvorgabe, zeitliche, finanzielle, personelle oder andere Begrenzungen, projektspezifische Organisation", und das die Zusammenarbeit vieler Personen in Arbeitsteams, Unternehmen bzw. Institutionen und Netzwerken erfordert (Schelle, Ottmann, & Pfeiffer, 2008). Dabei umfasst das Projektmanagement „die Gesamtheit von Führungsaufgaben, -organisation, -techniken und -mitteln für die Initialisierung, Definition, Planung, Steuerung und den Abschluss von Projekten" (DIN, 2009b).

Diese Definitionen lassen erkennen, dass die Führungsrolle in Projekten in erster Linie die eines Managers ist, bei welcher die Führung von Mitarbeitern nur eine von vielen Aufgaben aus einem Bündel vielfältigster Managementaktivitäten ist. Zielen und Prozessen kommt dabei eine besondere Bedeutung zu, wie wir nachfolgend erläutern.

© Springer Fachmedien Wiesbaden 2015
M. Wastian et al., *Führung und Mikropolitik in Projekten*, essentials,
DOI 10.1007/978-3-658-10321-7_2

2.1   Führen mit Zielen und Prozessen

2.1.1   Zielorientierung

Ziele sind in Projekten von herausragender Bedeutung. Ohne ein Ziel, das erstrebenswert und realistisch erscheint – beispielsweise die Entwicklung eines neuen Produktes, von welchem sich das Unternehmen Marktchancen verspricht –, gäbe es überhaupt kein Projekt. Durch Vorgaben und Begrenzungen gewinnen Ziele in der Projektarbeit zudem eine Tragweite, die kaum mit der Bedeutung von Zielen in der Linienarbeit vergleichbar ist. Sie werden im Projektmanagement vor allem durch das so genannte **„magische Dreieck"** beschrieben, wie in Abb. 2.1 dargestellt.

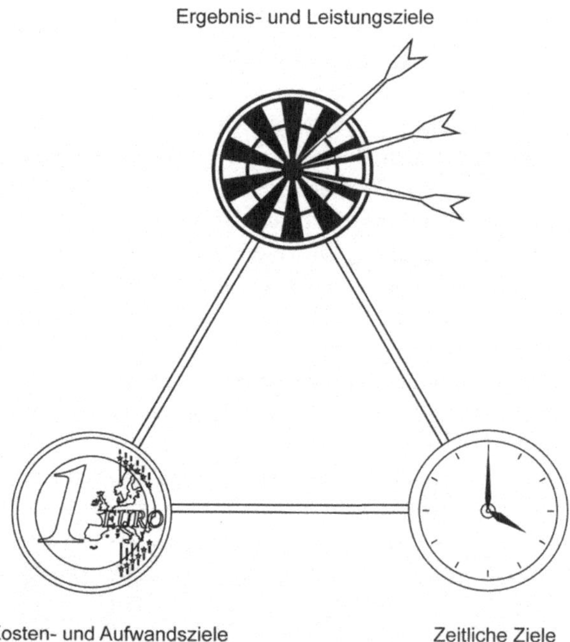

Abb. 2.1 Das „magische Dreieck" im Projektmanagement

Es beinhaltet

- **zeitliche Ziele**: Vorgegebene Zeitpunkte und Termine, z. B. bis wann das Projekt abzuschließen und die zu erstellende Leistung zu liefern ist;
- **Ergebnis- oder Leistungsziele**: Qualitative oder quantitative Vorgaben für das zu liefernde Ergebnis, z. B. der Funktionsumfang einer Software;
- **Kosten- und Aufwandsziele**: Vorgaben in Bezug auf die eingesetzten Ressourcen wie etwa das Budget für Sachmittel.

Mitunter werden noch weitere Ziele gesteckt, beispielsweise soziale Ziele oder Vorgehensziele. Der Projektleiter trägt die Verantwortung dafür, dass er – gemeinsam mit seinem Team – die Projektziele erreicht.

Es liegt auf der Hand, dass diese Ziele je nach Projekt mehr oder minder stark miteinander konkurrieren; beispielsweise sind manche funktionale oder terminliche Vorgaben kaum ohne Budgetüberschreitungen zu realisieren. Gleichwohl bemessen sich der Projekterfolg und damit letztlich auch der Führungserfolg im Projekt daran, wie weit die Ziele des „magischen Dreiecks" erreicht wurden.

2.1.2 Prozessorientierung

Entsprechend der Bedeutung von Zielen ist das Planen und Handeln nach mehr oder minder elaborierten **Vorgehensmodellen** ebenfalls kennzeichnend für die Projektarbeit. Solche Modelle beschreiben die Phasen und Prozesse des Projektlebenszyklus, des Projektmanagements oder von Abläufen an der Schnittstelle zum Projekt. Für die Führung *in* Projekten sind vor allem Vorgehensmodelle für das Projektmanagement relevant, an denen sich die gesamte Projektarbeit orientiert. Sie bilden für die Projektbeteiligten den Rahmen und die Richtschnur, um inhaltliche und zeitliche Etappen in der komplexen, von Unsicherheit geprägten Projektlandschaft abzustecken und somit die Projektziele zu erreichen.

Ein Beispiel ist das **Modell nach DIN 69901-2 (2009a)**, das die Phasen „Initialisierung", „Definition", „Planung", „Steuerung" und „Abschluss" sowie die Prozesse in diesen Phasen beschreibt (siehe zu Details die Tab. 3.1 weiter unten im Abschn. 3). Um den unternehmens- und projektspezifischen Anforderungen gerecht zu werden, entwickeln Unternehmen auch eigene Prozesse oder passen bestehende Vorgehensmodelle an ihre Bedürfnisse an. Selbst bei hoch volatilen Projektzielen und -umgebungen, wie etwa in der Software-Entwicklung, wird die Prozessorientierung nicht aufgegeben, wenngleich jüngere Ansätze wie die Prozesse beim so genannten **agilen Projektmanagement** (Überblick: Mourgue d'Algue & Seibert, 2014) dabei eher „auf Sicht" planen und die einzelnen Etappen schrittweise zwischen Projektbeteiligten und Kunden abgestimmt werden.

2.2　Das Managen und Koordinieren von Abläufen und Ressourcen

Im Projektmanagement mit seinen ingenieurs- und betriebswirtschaftlichen Wurzeln stellt das **Managen und Koordinieren von Abläufen und Ressourcen** den Kern der Führung in Projekten dar. Vorgänge und Termine sind zu planen und umzusetzen, Personal und Finanzmittel zu koordinieren, der Informations- und Kommunikationsfluss zu steuern, der Projektfortschritt zu kontrollieren und vieles mehr. Entsprechend sind es vor allem diese Aufgaben, die in den **Prozessen** der verschiedenen Vorgehensmodelle spezifiziert werden, wie Tab. 3.1 weiter unten am Beispiel der DIN 69901-2 (2009a) zeigt.

Traditionell bilden solche Prozesse bei Projektmanagement-Ausbildungen sowie in der Projektmanagement-Literatur die Schwerpunktthemen der Führung. Allerdings wird in den letzten Jahren zunehmend auch auf den „**Faktor Mensch**" eingegangen (siehe z. B. Gessler, 2014). Die Führung der Mitarbeiter im Projektteam und das Stakeholdermanagement finden dabei besondere Beachtung.

2.3　Die Führung von Menschen: Projektmitarbeiter und andere Stakeholder in Projekten

Die Projektarbeit erfolgt oft hochgradig vernetzt und stellt hohe Anforderungen an die Anpassungsleistungen der Projektbeteiligten. Nicht nur das Projektteam, sondern auch andere Stakeholder – z. B. Auftraggeber, Management, Fachabteilungen und Stabsstellen, Lieferanten und sonstige Kooperationspartner – beteiligen sich am Projekt oder beeinflussen mit ihren Vorgaben und Erwartungen die Ziele und den Verlauf von Projekten. Die Führung in Projekten begrenzt sich deshalb nicht nur auf die Führung der Projektmitarbeiter, sondern beinhaltet auch Interaktionen mit anderen Stakeholdern des Projekts sowie das Selbstmanagement des Projektleiters.

2.3.1　Projektteams und deren Führung

Projektteams unterscheiden sich in mehrerer Hinsicht von „normalen" Arbeitsteams: Sie müssen komplizierte, oft neuartige Probleme innerhalb einer beschränkten Zeitspanne und mit einem begrenzten Budget lösen. In vielen Fällen arbeiten die Gruppenmitglieder das erste Mal zusammen und sind noch nicht aufeinander eingespielt. Zeitnot und Aufgabenschwierigkeit, unklare Rollenerwartungen sowie die Notwendigkeit, Beziehungen erst noch aufzubauen, schaffen damit **Herausforderungen**, die in regelmäßig zusammenarbeitenden Teams nicht vorgefunden werden. Überdies sind Projektmitglieder oft je nach Expertise nur punktuell am Projekt beteiligt oder sie sind zusätzlich noch in andere Aufgaben – sei es in der Linie oder in anderen Projekten – eingebunden.

Entsprechend ist die Führung eines Projektteams anspruchsvoller als die Führung dauerhafter Teams, zumal Projektleiter zwar die Projektverantwortung haben, jedoch meist **nicht mit disziplinarischen Befugnissen ausgestattet** sind. Um ihre Projektziele zu erreichen, muss es ihnen also in besonderem Maße gelingen, die Teammitarbeiter zu motivieren und sicherzustellen, dass diesen auch die zeitlichen Kapazitäten eingeräumt werden, um sich im erforderlichen Maße für das Projekt zu engagieren. Sie müssen wissen, wie mit Ängsten und Widerständen in Risiko-, Konflikt- und Entscheidungssituationen umzugehen ist, um das Commitment der Mitarbeiter zu erhalten.

Überdies gestattet die Projektarbeit kein langsames Hineinwachsen in die Führungsrolle. Die zeitliche Begrenztheit in Projekten **verdammt zum schnellen Führungserfolg**. Knappe Ressourcen und der Kostendruck in vielen Projekten machen die Führungsaufgabe nicht leichter. Diese ohnehin schon hohen Anforderungen an die Projektleitung werden künftig noch steigen, da mit der Globalisierung die **räumlich verteilte, virtuelle und interkulturelle Projektarbeit** an Bedeutung gewinnen wird.

2.3.2 Weitere Stakeholder im Kontext von Projekten

Projekte stellen keine isolierten „Inseln" dar, sondern sind vielmehr **komplexe Netzwerke mit vielfältigen Stakeholder-Beziehungen**, in denen jeder seine Ziele erreichen und seinen Vorteil sichern will – mitunter im Verborgenen taktierend und sein „eigenes Süppchen kochend". **Stakeholder** sind Menschen oder Gruppen, die am Projekt beteiligt, interessiert oder von dessen Ablauf und Auswirkungen betroffen sind. Hierzu gehören neben dem Projektleiter und seinem Team etwa Kunden, das Management, beteiligte Fachabteilungen und Stabsstellen, Lieferanten, Subunternehmer, Wettbewerber, Interessensverbände, um nur einige zu nennen.

Die Auftraggeber von Projekten fordern gewöhnlich die bestmögliche Erfüllung der von ihnen vorgegebenen Projektziele. Kooperations- und Interaktionspartner (z. B. zuarbeitende Fachabteilungen, Lieferanten und Subunternehmer) verfolgen oft widersprüchliche Ziele. Beispielsweise mögen Designer die Ästhetik eines zu entwickelnden Geräts in den Vordergrund stellen, während Entwicklungsingenieure diese vielleicht der technischen Machbarkeit und Funktionalität opfern wollen; das Management und das Controlling hätten es dagegen gerne schneller und billiger.

Der Projektleiter kann mit seinem Team also nicht nach Gutdünken schalten und walten, sondern ist auf eine gute Zusammenarbeit und Kommunikation mit den Stakeholdern angewiesen – dies umso mehr, je geringer seine eigene Positionsmacht und je größer der Einfluss der Stakeholder ist. Wie schon bei der Mitarbeiterführung bleibt ihm dabei wenig Spielraum für Versäumnisse und Fehler. Es muss ihm gelingen, schnell die richtigen Leute „ins Boot zu holen", um die Projektziele zu erreichen.

2.4 Projektleiter und ihr Selbstmanagement

Darüber hinaus müssen Projektleiter imstande sein, sich selbst zu führen – insbesondere im Hinblick auf ihr Zeitmanagement, ihren Umgang mit Belastungen und Stress sowie ihre Laufbahnplanung. Denn Projekte sind Ausnahmezustände: Neues wird geschaffen, wodurch auch bewährtes Wissen in Frage gestellt und die eigenen Fähigkeiten herausgefordert werden; im Projektverlauf entstehen immer wieder erhebliche Arbeitsspitzen, was Stress auslösen und sich nachteilig auf das Privatleben auswirken kann; der Erfolg in der Projektleitung kann über den Einstieg in die Führungslaufbahn entscheiden. **Ein ganzheitliches Selbstmanagement ist deshalb für Projektleiter ebenso wichtig wie das fachlich-inhaltliche oder methodische Managen von Projekten** (Kuhrts, Braumandl, & Weisweiler, 2012).

Zusammenfassend lässt sich festhalten, dass die Führung in Projekten aufgrund der Besonderheiten in der Projektarbeit nicht nur auf die Führung von Mitarbeitern beschränkt ist, sondern eine **dreifache Management-Herausforderung** darstellt: Das Managen und Koordinieren von Abläufen und Ressourcen, die Führung von Projektmitarbeitern und anderen Stakeholdern sowie das Selbstmanagement des Projektleiters.

3.1 Führung in Projekten – ein prozessorientierter Ansatz

Aus den spezifischen Merkmalen der Projektarbeit und aus den daraus erwachsenden Anforderungen und Belastungen lässt sich folgern, dass ein Führungsansatz, der sich auf die Mitarbeiterführung beschränkt, in der Projektarbeit zu kurz greifen würde. Um der Komplexität der Projektarbeit gerecht zu werden, integrieren wir deshalb verschiedene Konzepte aus der Psychologie und dem Projektmanagement zu einem **prozessorientierten Führungsansatz in Projekten**. Darunter verstehen wir einen situationsspezifisch flexiblen Führungsansatz,

- der den jeweiligen Anforderungen in den unterschiedlichen Projektphasen und -prozessen Rechnung trägt,
- der zielorientiert ist,
- der somit an Vorgehensmodelle bzw. Prozesse des Projektmanagements anschlussfähig ist und
- der alle wesentlichen Führungs- und Steuerungsaufgaben von Projektleitern umfasst, nämlich das Managen und Koordinieren von Abläufen und Ressourcen, die Führung von Mitarbeitern, Mikropolitik zur „Führung" von Stakeholdern sowie das Selbstmanagement des Projektleiters.

Abbildung 3.1 skizziert diese Zusammenhänge auf der Grundlage des Vorgehensmodells nach DIN 69901-2 (2009a), das die Phasen „Initialisierung", „Definition", „Planung", „Steuerung" und „Abschluss" und die jeweils dazugehörigen Tätigkeiten und Prozesse beschreibt. Demnach **liefern die Prozessorientierung sowie**

© Springer Fachmedien Wiesbaden 2015
M. Wastian et al., *Führung und Mikropolitik in Projekten*, essentials,
DOI 10.1007/978-3-658-10321-7_3

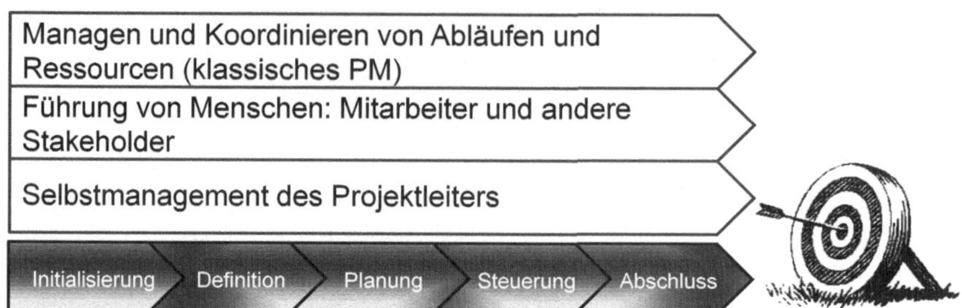

Abb. 3.1 Prozessorientierte Führung

Ziele die Stellschrauben für die Integration der verschiedenen Führungs- und Management-Aufgaben in einen Führungsansatz für Projekte, denn sie sind der Dreh- und Angelpunkt im Projektmanagement.

Vorgehensmodelle geben die Aktivitäten, die Leitlinien und das Timing vor, nach denen Projekte bearbeitet und (Teil-)Ziele erreicht werden müssen. Sie beschreiben jedoch hauptsächlich die „klassischen" Projektmanagementaufgaben, nämlich das **Managen und Koordinieren von Abläufen und Ressourcen.** Nach unserem prozessorientierten Führungsverständnis können Vorgehensmodelle jedoch auch verwendet werden, um die **Führung von Menschen** – seien es Mitarbeiter oder andere Stakeholder – und das **Selbstmanagement** den jeweiligen Anforderungen entsprechend zu planen und zu takten.

In Anlehnung an die DIN 69901-2 zeigt Tab. 3.1 auszugsweise, welche Prozesse im Fokus der einzelnen Projektmanagement-Phasen stehen und welche Führungsanforderungen sich somit - neben dem Managen und Koordinieren von Abläufen und Ressourcen - in diesen Phasen stellen. Daraus ergeben sich sowohl Ansatzpunkte für das Managen und Koordinieren von Abläufen und Ressourcen als auch für die prozessorientierte Führung von Mitarbeitern und sonstigen Stakeholdern sowie für das Selbstmanagement. Die **Anforderungen und Prozesse variieren**, so dass es Unterschiede im Hinblick auf erfolgversprechende Strategien und Kompetenzen geben kann (z. B. Kompetenzen im Hinblick auf die Mitarbeiterführung: Müller & Turner, 2010). Die Kompetenzanforderungen und Prozesse müssen deshalb unternehmens- und projektartspezifisch hinterfragt und ausgestaltet werden.

In diesem Buch widmen wir uns nur der Führung von Menschen – d. h. der Mitarbeiterführung und der Mikropolitik im Rahmen des Stakeholdermanagements – und verweisen auf andere Quellen, was das Selbstmanagement des Projektleiters anbelangt (z. B. auf Kuhrts et al., 2012). Das Managen und Koordinieren von Abläufen und Ressourcen wird umfassend in der Projektmanagement-Literatur behandelt (siehe z. B. Gessler, 2014).

Tab. 3.1 Einige typische Prozesse und Führungsanforderungen in den Phasen des Projektmanagements (PM)

	Initialisierung	Definition	Planung	Steuerung	Abschluss
PM-Prozesse (vgl. DIN 69901-2)	Ziele skizzieren	Definieren: Ziele, Erfolgskriterien	Planen: Projektstruktur, Termine, Ressourcen, Projektorganisation, Umgang mit Änderungen	Steuern: Termine, Änderungen, Ressourcen, Risiken, Zielerreichung, IKBD*, Kosten und Finanzmittel, Nachforderungen	Projekterfahrungen sichern
	Zuständigkeiten klären	Machbarkeit bewerten	Risiken analysieren und Gegenmaßnahmen planen	Kick-off	Nachkalkulation erstellen
	Projektmanagement-Prozesse auswählen	Kernteam bilden	Arbeitspakete beschreiben	Projektteam bilden	Verträge beenden
	Freigabe erteilen	Projektumfeld / Stakeholder analysieren		Verträge mit Kunden und Lieferanten abwickeln	Projektdoku archivieren
		Projektinhalte abgrenzen		Abnahme erteilen	Projektorganisation auflösen
		Aufwände grob schätzen			Abschlussbesprechung durchführen
		Vertragsinhalte mit Kunden festlegen			Leistungen würdigen
Mitarbeiterführung	Projektideen aufgreifen	Kernteam bilden	Planung: Wer macht was, wann, wie?	Commitment sichern und motivieren	Abschlussbesprechung durchführen
	An der Bewertung beteiligen	An der Analyse und Bewertung beteiligen	An der Planung beteiligen	Teambildung und -entwicklung	Leistungen würdigen, Dank (Team und individuell)

Tab. 3.1 (Fortsetzung)

	Initialisierung	Definition	Planung	Steuerung	Abschluss
	„Lessons learned" aus früheren Projekten aufgreifen	Konsens und Commitment sichern	Konsens und Commitment sichern	Umsetzung von Plänen: Delegieren/ beteiligen	Individuelles Feedback geben
				Zielfortschritte kontrollieren	
				Unterstützen	
Stakeholder-management	Informelle Informationssuche bei Vertrauten/ Verbündeten (Unterstützer, Gegner, Fallstricke?)	Stakeholder-Analyse: Hidden Agendas beachten	Planung: Wer macht was, wann, wie?	Commitment sichern	Abschlussbesprechung durchführen
	Abstimmen und Aushandeln: Ziele, Zuständigkeiten, Spielräume und Einfluss des Projektleiters	Abstimmen und Aushandeln: Ziele, Erfolgskriterien, Machbarkeit, Projekt- und Vertragsinhalte	Risiken und Gegenmaßnahmen kommunizieren	Zielfortschritte, Abweichungen, Risiken und Erfolge kommunizieren	Leistungen und Erfolge „verkaufen"
	Freigabe erteilen lassen	Freigabe erteilen lassen	Abstimmen und Aushandeln der o.g. Planungsprozesse	Änderungsanfragen, hinterfragen, abstimmen aushandeln	Netzwerkpflege, Dank
	Netzwerkpflege	Netzwerkpflege	Freigabe erteilen lassen	Ggf. Nachverhandeln, Krisen nach „oben" eskalieren	Neue (Projekt-) Ideen und Potenziale aufzeigen
			Netzwerkpflege	Abnahme erteilen lassen	Unterstützung dafür ausloten
				Netzwerkpflege	

Tab. 3.1 (Fortsetzung)

	Initialisierung	Definition	Planung	Steuerung	Abschluss
Selbstmanagement des Projektleiters	Bedeutung des Projekts für die eigene Entwicklung hinterfragen (persönliche Ziele, Karriere, Lernen)	Eigene Ziele im Auge behalten	Delegation von Aufgaben mit Blick auf WLB** und Optimierung der Erfolgsaussichten planen	WLB** schützen: Delegieren, Zeitmanagement	Eigene Leistungen und Erfolge „verkaufen", Selbstpromotion
	WLB**-Strategien planen	Soziale Unterstützung und Entlastung sichern durch geeignetes Kernteam	Stressprävention	Stressprävention/-management,	Entwicklungsschritte sichern
	Strategien für eigene Entwicklung planen	Stressprävention	Soziale Unterstützung sichern (privates und berufliches Umfeld)	Soziale Unterstützung nutzen	Erfolge feiern
	Karriere-/Erfolgsaussichten optimieren: Spielräume und Einfluss sichern		Risiken und Potenziale für die eigene Entwicklung und Erreichung persönlicher Ziele hinterfragen => Strategie planen	Risiken und Potenziale für die eigene Entwicklung und Erreichung persönlicher Ziele hinterfragen => Strategie anpassen	Reflexion: Bilanz und Konsequenz ziehen aus Erfolgen, Misserfolgen, Erfahrungen

Anmerkungen: Die Phasen verlaufen nicht linear, sondern iterativ. Insbesondere von der Steuerung und der Planung aus sind wiederholt Feedback-Schleifen in vorgelagerte Phasen erforderlich. / Potenzielle Stakeholder und Mitarbeiter sollten informell so früh wie möglich berücksichtigt bzw. ins Boot geholt werden, noch vor dem offiziellen Projektstart. Auch das Selbstmanagement des Projektleiters beginnt deutlich vor dem Projekt und ist eine Daueraufgabe.
*) IKBD = Information, Kommunikation, Berichtswesen, Dokumentation.
**) WLB = Work-Life-Balance

3.2 Theoretischer Hintergrund und Stand der Forschung aus psychologischer Sicht

Wenngleich die Berücksichtigung zeitlicher und prozessbezogener Aspekte indirekt in die Führungsforschung Einzug gehalten hat – mit der Überlegung, dass unterschiedliche Situationen unterschiedliche Führungsstile erfordern –, so gibt es doch bislang keine prozessorientierte Führungstheorie; außerdem sind klassische Führungstheorien auf die Führung von Mitarbeitern beschränkt. Die psychologischen Hintergründe für den von uns skizzierten Führungsansatz liefern uns jedoch die **Innovationsforschung,** die **Zielsetzungstheorie,** das **theoretische Modell der transaktionalen und transformationalen Führung** sowie die **Forschung zur Mikropolitik.** Dies erläutern wir in den folgenden Abschnitten.

3.2.1 Prozessorientierung

Theoretische und empirische Anleihen für die prozessorientierte Führung in Projekten lassen sich aus der Innovationsforschung und daran anknüpfenden Forschungsfeldern ziehen, da sich Projekte durch ihre Einzigartigkeit und meist auch durch die Schaffung von etwas Neuem auszeichnen (Schelle et al., 2008). Relevant sind hier insbesondere **Prozessmodelle der Innovation** sowie die **zeit- und prozessfokussierte Forschung zu Innovationsprojekten.** Der Innovationsprozess beginnt zwar deutlich bevor der Startschuss für ein Projekt fällt, doch ähneln die Phasen in Bezug auf die kreativen bzw. innovativen Anforderungen und Inhalte denen des Projektlebenszyklus.

Die Forschung hat gezeigt, dass die Phasen nicht linear verlaufen, sondern dass Innovationsprozesse wiederholt **Feedback-Schleifen** in bereits durchlaufene Phasen erfordern, und zwar insbesondere deshalb, weil zum oder nach dem Start des eigentlichen Projektes die Anforderungen, Ideen und Entscheidungen immer wieder auf den Prüfstand der Realität kommen und Korrekturen erfordern (Schneider & Wastian, 2012). Für die Führung in Projekten ist dies insofern von Belang, als Feedback-Schleifen größtenteils ungewollt entstehen, den Projektverlauf teilweise massiv beeinträchtigen (Verzögerungen, Gefährdung des Projekterfolgs) und oft Aspekte der Führung von Mitarbeitern und Stakeholdern betreffen. Beispielsweise zeigten sich in Innovationsprojekten die folgenden **phasenspezifischen Phänomene** (Van de Ven, Polley, Garud, & Venkataraman, 1999):

- *Anfangsphase, einschließlich Rekrutierung des Teams*: Die „hung jury" (dies ist eine Jury, die sich auch nach längerer Klausur nicht auf ein Urteil einigen kann und die durch nicht auflösbare Meinungsverschiedenheiten blockiert ist), der gefügige Team Player sowie die Neigung, Vorschläge und Ideen vertrauensvoll und ohne langes Hinterfragen anzunehmen, sind typische Probleme in dieser Phase, die von Euphorie und Optimismus geprägt ist.
- *Mittlere Phasen*: Die Euphorie und das Vertrauen in die Mitstreiter und in die Führung schwinden mit dem Auftauchen von Problemen und Erfolgsrisiken. Es kommt zu Machtgerangel. Einige Beteiligte verlassen das Projektteam, was

die Kontinuität gefährdet und die guten Gelegenheiten zum Lernen aus Versuch und Irrtum verpuffen lässt.

- *Abschlussphase des Innovationsvorhabens oder eines Teilprojekts davon*: Die Beteiligten schreiben Misserfolge externen „unkontrollierbaren Faktoren" bzw. Erfolge sich selbst zu. Die „lessons learned" werden oft nicht ausreichend reflektiert oder für künftige Projekte nicht verwertbar aufbereitet.

Der Projektleiter sieht sich also je nach Phase mit unterschiedlichen Herausforderungen konfrontiert, denen er jeweils adäquat begegnen muss, um etwa die besten Lösungen zu generieren, die Mitarbeiter zu motivieren oder den Lerntransfer zu gewährleisten.

3.2.2 Zielorientierung

Im Idealfall stellen die **Vorgehensmodelle des Projektmanagements** ein besonders elaboriertes Instrument zum Führen mit Zielen dar. Ketzerisch könnte man sagen: Selbst wenn der Projektleiter bei der Führung des Projektteams versagt – gut ausgearbeitete Prozesse sind verbindliche Regelwerke, die jeder Projektbeteiligte kennen und beachten muss. Insofern **sind Prozesse ein Führungsinstrument von herausragender Bedeutung**. Dies ist ein wichtiger Unterschied zwischen der Führung in der Linie und der Führung in Projekten.

Um allerdings die Ziele und Vorgaben des Projektauftrags umzusetzen, müssen sie in Arbeitsaufträge und damit auch in **Verhaltens- und Ergebnisziele** für die einzelnen Mitglieder des Projektteams „übersetzt" werden. Deshalb sind die Forschungsergebnisse zur **Zielsetzungstheorie** für die Führung in Projekten hoch relevant. Sie bestätigen, dass Ziele handlungsleitend sind und dass die Leistung von Personen oder Gruppen von verschiedenen Zielmerkmalen abhängt (zusammenfassend: Locke & Latham, 2002), insbesondere von der **Zielspezifität** und von der **Zielschwierigkeit**. Demnach sollten Ziele spezifisch sein, da die Aufmerksamkeit und die Handlungen dann auf zielrelevante Aktivitäten gelenkt werden. Herausfordernde Ziele fördern die Anstrengungen und die Beharrlichkeit bei der Zielverfolgung. Auf diese Weise tragen die Zielspezifität und die Zielschwierigkeit zur Leistung bei. Bei komplexen Aufgaben ist dieser Zusammenhang zwar im Allgemeinen weniger stark ausgeprägt, da es dann darauf ankommt, vielfältige und auch neue Strategien zur Zielerreichung einzusetzen – also erst zu explorieren, statt gleich zu fokussieren. Spezifische Ziele entfalten jedoch auch bei komplexen Aufgaben ihre Wirkung, wenn **Lernziele** (z. B. „geeignete Methoden herausfinden") statt **Leistungsziele** (z. B. „die Aufgabe spätestens bis Freitag erledigen") gesetzt werden, da Lernziele im Gegensatz zu Leistungszielen das Ausprobieren

Abb. 3.2 Der Ziel-Leistungs-Zusammenhang mit Wechselwirkungen (in Anlehnung an Locke & Latham, 2002)

neuer Strategien fördern. Außerdem wird der Ziel-Leistung-Zusammenhang verstärkt, wenn ein Mitarbeiter **Feedback** zu seinen Zielfortschritten bekommt. Bei schwierigen Zielen kommt es ferner auf die **Zielbindung** des Mitarbeiters an; sie ist umso ausgeprägter, je wichtiger das Ziel einer Person ist und je mehr sie sich zutraut, das Ziel zu erreichen. Abbildung 3.2 verdeutlicht diese Zusammenhänge.

Auch zeigte sich, dass die kreative Leistung höher war, wenn bei den Zielvorgaben ausdrücklich **Kreativität** gefordert wurde und wenn das **Feedback** zu kreativen Leistungen informativ und entwicklungsorientiert war; bestrafendes oder kontrollierendes Feedback beeinträchtigte hingegen die Kreativität (zusammenfassend: Shalley & Gilson, 2004). Diese Befunde sind für die Führung in kreativen Projektphasen von Belang.

3.2.3 Prozessorientierte transformationale und transaktionale Führung von Mitarbeitern

Abgesehen von seiner vielfach belegten Relevanz für die Leistung und für leistungsförderliche Arbeitseinstellungen von Mitarbeitern wird das Konzept der transformationalen und der transaktionalen Führung (Burns, 1978) den Anforderungen an die Projektleitung in besonderem Maße gerecht. Die transaktionale Führung entspricht demnach der **Zielorientierung** in Projekten, während der transformationale Führungsstil **motivierende Verhaltensweisen** beschreibt: Ein transformational führender Projektleiter begeistert, reißt mit, regt zu kreativen Höhenflügen und Spitzenleistungen an. Der Forschung zufolge sollte der Projektleiter sowohl das transaktionale als auch das transformationale Führungsverhalten in seinem Repertoire haben, denn **die transformationale Führung verstärkt die positive Wirkung der transaktionalen Führung** (Judge & Piccolo, 2004; Wang, Oh, Courtright, & Colbert, 2011).

Allerdings legen die je nach Projektphase unterschiedlichen Aufgaben sowie die bereits zitierten Befunde aus der Innovationsforschung ein **prozess- und phasenspezifisch differenziertes Führungsverhalten** nahe. So schlagen Innovationsforscher vor (zusammenfassend: Maier & Hülsheger, 2012), in den **kreativen Phasen** eines Projektes die transformationale Führung zu betonen, weil sie die Mitarbeiter dazu anregt, kritisch zu denken und Mängel anzusprechen. Ein transaktionaler Führungsstil kann in kreativen Prozessen hinderlich sein, da enge Zielvorgaben sowie eine enge Kontrolle die Kreativität einschränken können. In den Phasen, in denen es um die **Umsetzung und Implementierung** geht und Termine, Budgets und sonstige Vorgaben im Vordergrund stehen, ist die aufgaben- und leistungsorientierte transaktionale Führung empfehlenswert. Dies schließt jedoch eine transformationale Führung nicht aus. Vielmehr gibt es Befunde, wonach die transformationale Führung insbesondere den Umsetzungs- und Implementierungsphasen zugutekommt (z. B. Rank, Pace, & Frese, 2004). Offenbar erfordern die steigende Arbeitslast und die Rückschläge in den Umsetzungs- und Implementierungsphasen von Projekten nicht nur die zielorientierte transaktionale Führung, sondern auch die stark motivierenden und das Vertrauen in die Projektleitung stärkenden Aspekte der transformationalen Führung.

3.2.4 Prozessorientierte Mikropolitik – die Führung von Stakeholdern

Betraf der vorangegangene Abschnitt die Führung von Mitarbeitern, so geht es bei der Mikropolitik um die „Führung" von Stakeholdern, d. h. der Projektleiter muss sie für seine Interessen gewinnen, damit sie ihn und das Projekt unterstützen. Mikropolitik ist als **psychologische Flankierung des Stakeholdermanagements** (siehe Abschn. 4.4.1) zu verstehen.

Mächtige Stakeholder können wesentlich Einfluss auf den Verlauf und den Erfolg von Projekten nehmen. Dies gilt insbesondere dann, wenn sie die Entscheidungs- und Ressourcenhoheit haben und somit darüber bestimmen, ob ein Projekt überhaupt aufgesetzt oder zu Ende gebracht werden kann (Van de Ven et al., 1999). Eine Untersuchung zeigte beispielsweise, dass der **Einfluss des Topmanagements** auf den Projekterfolg sowie auf das Team und andere Erfolgsdeterminanten in Projekten größer ist als der unmittelbare **Einfluss des Projektleiters** (Lechler & Gemünden, 1998). Dessen Macht ist üblicherweise eingeschränkt. Projektleiter haben oft **keine Legitimations-, Belohnungs- oder Bestrafungsmacht**, die ihnen eine disziplinarische Einflussnahme auf Mitarbeiter oder auf Entscheidungen über die Ressourcenausstattung des Projekts erlauben würden. Deshalb sind sie umso mehr auf ihre **Expertenmacht** sowie auf ihre **Identifikations- und Beziehungsmacht** angewiesen. Das heißt, sie müssen die Verbundenheit, den Respekt und das

Tab. 3.2 Dimensionen mikropolitischer Kompetenz (zusammenfassend: Solga & Blickle, 2012)

Dimension	Kurzbeschreibung
Soziale Scharfsinnigkeit	Die Fähigkeit, andere aufmerksam und sensibel zu beobachten, um deren Verhalten richtig zu interpretieren und das eigene Verhalten angemessen zu steuern
Netzwerkfähigkeit	Die Fähigkeit, vertrauensvolle Beziehungen aufzubauen, sich selbst gut zu positionieren und andere nach dem Gegenseitigkeitsprinzip zu unterstützen
Wahrgenommene Aufrichtigkeit	Die Fähigkeit, so Einfluss zu nehmen, dass es von anderen nicht als manipulativ oder als eigennützig wahrgenommen wird
Interpersonelle Einflussnahme	Die Fähigkeit, Einflusstaktiken flexibel und situationsgerecht auszuwählen und anzuwenden. Dadurch kann man seine Umwelt kontrollieren, ohne manipulativ oder unfair zu wirken

Vertrauen der Teammitarbeiter und anderer Stakeholder durch ihre Expertise, ihre Ausstrahlung oder durch gegenseitige Sympathie gewinnen und ihre **fehlende formale Machtposition durch Reputation kompensieren** (Solga & Blickle, 2012).

Je nach Machtgrundlage kann der Projektleiter auf ein mehr oder minder breites Repertoire an **Einflusstaktiken** zurückgreifen, wovon sich das Ausdrücken von Wertschätzung, das rationale Argumentieren sowie eine moderate Selbstpromotion als besonders karriereförderlich erwiesen haben (Überblick: Solga & Blickle, 2012). Neben dem Ausdrücken von Wertschätzung und dem rationalen Argumentieren nutzen Projektleiter noch eine Reihe anderer Einflusstaktiken, um den Projektverlauf günstig zu beeinflussen: Sie unterbreiten Tauschangebote (Gefälligkeiten, „eine Hand wäscht die andere"), konsultieren einflussreiche Stakeholder oder bilden mit ihnen Koalitionen und schalten bei Krisen höhere Instanzen ein.

Einige dieser Taktiken sind in den Prozessen mancher Unternehmen sogar formal festgelegt – etwa als Vorschrift, welche Krisen wann und auf welche Art und Weise an wen eskaliert werden müssen. Es ist jedoch vor allem die **mikropolitische Kompetenz** des Projektleiters, die darüber entscheidet, wie häufig und auf welche Art und Weise er Einflusstaktiken verwendet und damit erfolgreich lenkt (Solga & Blickle, 2012). Mikropolitische Kompetenz beinhaltet die in Tab. 3.2 dargestellten vier Dimensionen.

In unseren eigenen Untersuchungen von Projektverläufen (zusammenfassend: Wastian, 2015) konnten wir knapp hundert verschiedene Arten von Arbeitssituationen und Aufgaben identifizieren, welche für Projektleiter typisch sind. Davon stellen rund die Hälfte **Interaktionssituationen** dar. Als hochgradig erfolgskritisch erwiesen sich dabei Interaktionssituationen in den Projektphasen, bei denen die für die Planung notwendigen Daten und Informationen erzeugt bzw. Konzepte abgestimmt und Details geplant werden. Es sind vor allem diese **Phasen, in welchen entscheidende Klärungs-, Abstimmungs- und Aushandlungsprozesse mit einflussreichen Stakeholdern stattfinden.** Aus der Sicht der Projektleiter sind dies oft Tiefpunkte im Projektverlauf, da es dabei zu zähen Diskussionen und oft verdeckten Machtstreitigkeiten kommt, in denen Stakeholder mit konkurrierenden Interessen ihre Ist- und Soll-Vorgaben verzerrt darstellen, um ihre eigenen Erwartungen durchzusetzen. In erfolgreichen Projekten wurden diese Tiefs „ausgehalten" und die erforderlichen Diskussionen geführt, während die Projektleiter in weniger erfolgreichen Projekten sie offenbar übersprangen. Dies rächte sich jedoch umso heftiger im weiteren Projektverlauf, so dass es in den Umsetzungs- und Implementierungsphasen zu regelrechten Einbrüchen kam. Wurden die Klärungen, Abstimmungen und Aushandlungen vermieden oder versäumt, so führte dies zu Fehlern bei der Planung und Realisierung und in der weiteren Folge zu zeitaufwändigen und kostspieligen Nachbesserungen und schlechteren Ergebnissen. Zudem mussten die vermiedenen oder versäumten Interaktionen später unter erhöhtem Druck nachgeholt werden.

Bedeutung der prozessorientierten Führung für die Praxis 4

Während das Managen und Koordinieren von Abläufen und Ressourcen eine Führungsfunktion ist, die schon seit langem im Projektmanagement praktiziert und gelehrt wird, stellen die Führung von Menschen und das Selbstmanagement Herausforderungen dar, die in der beschriebenen Systematik im Projektmanagement vieler Unternehmen erst noch umgesetzt werden müssen. In Unternehmen wird die Bedeutung psychologischer Themen der Führung in Projekten jedoch zunehmend erkannt und vor allem in Form von **Personalentwicklungsmaßnahmen** aufgegriffen (z. B. Führungs- und Kommunikationstrainings oder – meist effektiver und effizienter – psychologisches Projektcoaching; siehe Abschn. 4.1).

Darüber hinaus lässt sich erkennen, dass der Grad und die Systematik der Umsetzung des Führungsansatzes mit der Professionalisierung des Projektmanagements und mit der Bedeutung von Projektarbeit im Unternehmen steigen. Beispiele sind die **Verankerung psychologischer Themen in Prozessen** für das Stakeholdermanagement, für die Konsenssicherung bei wichtigen Entscheidungen oder für die Konflikteskalation. Mitunter wird ein **projektmanagement-spezifisches Human Resource Management** betrieben, entkoppelt von der Personalarbeit für die Linie.

Besonders hervorzuheben sind auch die Bemühungen der International Project Management Association (IPMA) und speziell in Deutschland der deutschen Gesellschaft für Projektmanagement (GPM), die sich in der **Qualifizierung und Zertifizierung von Projektleitern** niederschlagen. Mit der so genannten **IPMA Competence Baseline ICB 3.0** wurde vor einiger Zeit die Grundlage für das „kompetenzbasierte Projektmanagement" (Gessler, 2014) und für die aktuelle Projektmanagementausbildung der IPMA/GPM geschaffen, in welchen psychologische Themen der Führung eine zentrale Stellung einnehmen.

© Springer Fachmedien Wiesbaden 2015
M. Wastian et al., *Führung und Mikropolitik in Projekten*, essentials,
DOI 10.1007/978-3-658-10321-7_4

Für die Praxis sind die dargestellten Forschungserkenntnisse insofern von Belang, als sie Projektleitern eine Orientierung für ihr Führungsverhalten gegenüber dem Projektteam und gegenüber anderen Stakeholdern geben können. Diesbezüglich lassen sich aus den o. g. Erkenntnissen die folgenden Empfehlungen ableiten, auf welche Erfolgsfaktoren gesetzt werden soll und welche Fallstricke es zu vermeiden gilt, um die Führung in Projekten erfolgreich zu gestalten. Anschließend fassen wir diese Empfehlungen in einer Checkliste zusammen.

4.1 Übergreifende Empfehlung: Anforderungsgerechte Unterstützung nutzen

Ob es um die Leitung großer und/oder strategisch bedeutsamer Projekte oder um den Einstieg in das Projektmanagement geht, ob der Projektleiter „mit allen Wassern gewaschen" oder noch ein Neuling ist: Projektleiter und Unternehmen greifen oft auf Unterstützungsangebote zurück, um ihr Projektmanagement effektiv und effizient zu gestalten, um ihre Kompetenzen stetig weiter zu entwickeln oder um Krisen besser zu bewältigen. Eine grundlegende Empfehlung für die hier vorgestellte prozessorientierte Führung von Projekten kann deshalb lauten: Suche die Unterstützung so aus, dass sie Deinen Anforderungen entspricht. Welche Art von Unterstützung die passende ist, hängt davon ab,

- welche Dimension der Projektleitung betroffen ist – das Managen und Koordinieren von Abläufen und Ressourcen, die Führung von Menschen oder das Selbstmanagement des Projektleiters – und in welche fachliche Domäne der Unterstützungsbedarf somit fällt;
- wie spezifisch oder schnell die Unterstützung benötigt wird, wie flexibel sie also sein sollte.

Zur ersten Orientierung bei der Wahl der richtigen Maßnahme kann der Anforderungs-Maßnahmen-Kompass für die Unterstützung der Projektleitung (Abb. 4.1) dienen.

Demnach erfordern Maßnahmen, welche die Führungsdimension „Managen und Koordinieren von Abläufen und Ressourcen" betreffen, die „klassische" Projektmanagement-Expertise, die vor allem in der Betriebswirtschaft, in der Informatik und in technischen Domänen angesiedelt ist. Ein guter Indikator für diese Expertise sind die Projektmanagement-Zertifikate der oben erwähnten IPMA (in Deutschland die GPM) und des PMI (Project Management Institute). Die Dimensionen „Führung von Menschen: Mitarbeiter und andere Stakeholder" und „Selbstmanagement des Projektleiters" erfordern dagegen psychologische Expertise.

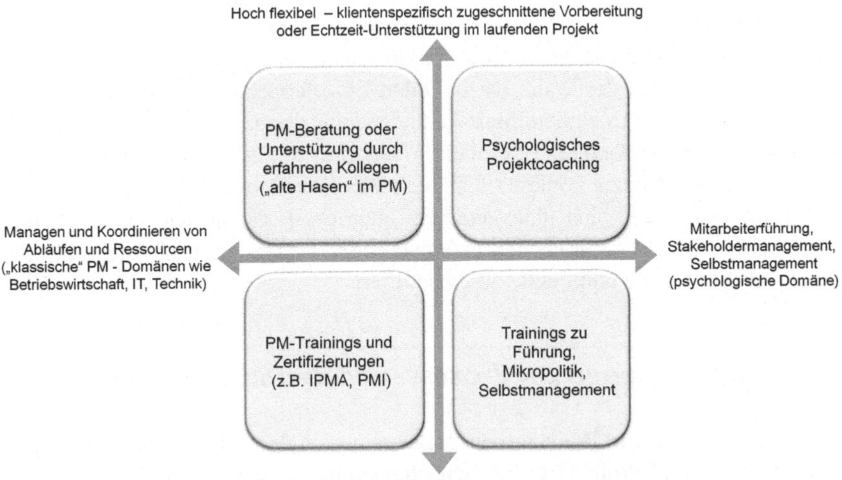

Abb. 4.1 Anforderungs-Maßnahmen-Kompass für die Unterstützung der Projektleitung
Bildlegende: *PM* Projektmanagement

Ein akademischer Abschluss in Psychologie oder eine vergleichbar umfassende Qualifikation in Kombination mit einschlägiger Projektmanagement-Erfahrung sind hierfür zuverlässige Voraussetzungen.

Falls keine hohen Anforderungen an die Flexibilität der Unterstützung gestellt werden, sondern es vielmehr darum geht, sich allgemein und projektübergreifend auf die Projektleitung vorzubereiten oder hierfür grundlegende Kompetenzen zu erwerben, eignen sich Weiterbildungsangebote wie Trainings und Zertifizierungen. Dieses „Gießkannenprinzip" taugt jedoch kaum, wenn die Anforderungen sehr klientenspezifisch sind, z. B. wenn erfahrene Projektleiter zeitsparend und punktuell individuelle Strategien entwickeln und Kompetenzen aufbauen wollen, wenn unternehmens- und projektspezifische Bedingungen und Prozesse zu berücksichtigen sind oder wenn Projekterfahrungen ausgewertet („lessons learned") und das Wissen im Unternehmen vermittelt werden sollen. Oft wird die Unterstützung auch sehr schnell benötigt, womöglich sogar projektbegleitend in Echtzeit, um sich für unmittelbar bevorstehende Herausforderungen (z. B. einen anstehenden Kick-off, Verhandlungen mit wichtigen Stakeholdern) zu wappnen oder im laufenden Projekt flexibel darauf reagieren zu können (z. B. bei Krisen). Solche klienten-spezifischen, situativen oder zeitkritischen Anforderungen bedürfen einer hoch flexiblen Unterstützung, wie sie – je nach Projektleitungsdimension (siehe oben und Abb. 4.1) – Projektmanagement-Berater, erfahrene Projektmanagement-Kollegen („alte Hasen") oder psychologische Projektcoachs erbringen können.

Für die Dimensionen „Führung von Menschen: Mitarbeiter und andere Stakeholder" und „Selbstmanagement des Projektleiters" sind psychologische Projektcoachings das Mittel der Wahl. Dazu zählen Einzelcoachings für den Projektleiter oder für andere Projektbeteiligte, Teamcoachings oder Prozesscoachings nach psychologischen Methoden (Überblick: Wastian et al., 2012). An anderer Stelle beschreiben wir hierzu konkrete Fallbeispiele (Wastian & Kronenberg, 2014, 2015). Sie empfehlen sich unter anderem auch dazu, die in den nachfolgenden Abschn. 4.2 bis 4.4 beschriebenen Erfolgsfaktoren besser auszuschöpfen bzw. die genannten Fallstricke und Fehler zu umschiffen.

4.2 Empfehlungen zur Prozess- und Zielorientierung

Wie dargestellt, ist die Projektarbeit prozess- und zielorientiert. Deshalb hängen Projektverlauf und Projekterfolg in entscheidendem Maße davon ab, wie die erforderliche Prozess- und Zielorientierung im Projektmanagement umgesetzt wird.

4.2.1 Erfolgsfaktor Prozessorientierung

Im Idealfall stehen im Unternehmen Prozesse zur Verfügung, welche den Projektlebenszyklus sowie die Phasen und Prozesse des Projektmanagements und deren Schnittstellen zu den Unterstützungs-, Wertschöpfungs- und Führungsprozessen im Unternehmen (Gessler, 2014) beschreiben. Falls keine Prozesse vorliegen, kann der Projektleiter sich – soweit für seine Projektrealität relevant – an Standard-Vorgehensmodellen orientieren. Beispiele hierfür sind die Vorgehensmodelle nach DIN 69901-2, PRINCE2 oder PMBOK sowie Modelle für spezifische Projekttypen, z. B. für technische Projektarten die jeweiligen VDI Richtlinien (Überblick: Gessler & Kaestner, 2014). Für Projekte mit hohem Flexibilitätsanspruch - etwa in der Software-Entwicklung - eignen sich dynamischere Vorgehensweisen wie die des agilen Projektmanagements.

Fallstricke und Fehler in der Praxis: Der Projektleiter kann Vorgehensmodelle als Hilfestellung nehmen, sollte jedoch sicherstellen, dass sie die Projektrealität angemessen wiedergeben, da die in Unternehmen vorliegenden Prozesse oft Lücken aufweisen, nicht mehr aktuell sind oder nicht auf der Basis realer Projekterfahrungen ermittelt wurden. Außerdem muss er sie ggf. an die spezifischen Anforderungen des von ihm zu leitenden Projekts anpassen.

Ferner muss er sicherstellen, dass die Mitarbeiter und die davon betroffenen sonstigen Stakeholder die verwendeten Prozesse und Phasenmodelle sowie die ggf. erforderlichen Abweichungen kennen und als gemeinsame Vorgehensrichtlinie akzeptieren. Je weniger Vorgaben bereits existieren, desto wichtiger ist diesbezüglich die Kommunikation mit den betroffenen Mitarbeitern und Stakeholdern. Um deren Akzeptanz zu gewinnen, sollte er die Prozesse mit den davon betroffenen Personen abstimmen und sich außerdem die Zustimmung „von oben" einholen, um sich für etwaige spätere Konfliktfälle die Rückendeckung des Managements zu sichern.

Der Projektleiter kann sich jedoch nicht allein auf solche Modelle verlassen. Abgesehen davon, dass unvorhergesehene Herausforderungen oder Zwischenfälle ein abweichendes Handeln erfordern können, decken Vorgehensmodelle psychologische Aspekte (z. B. die Führung oder die Kommunikation betreffend) und individuelle Kompetenzanforderungen an Projektleiter und Mitarbeiter kaum ab. Insbesondere in großen, strategisch bedeutsamen Projekten oder wenn noch wenig Erfahrung in der Projektleitung vorliegt, sollte der Projektleiter deshalb bei der Vorbereitung und Durchführung des Projektes ein psychologisches Projektcoaching (Wastian et al., 2012; Wastian & Kronenberg, 2014, 2015) in Anspruch nehmen.

4.2.2   Erfolgsfaktor Zielorientierung

Zwar sind die Ziele in Projekten mit dem „magischen Dreieck" (siehe Abb. 2.1) und sonstigen Vorgaben abgesteckt und idealerweise beschreiben Prozesse auch die Wege zum Ziel, doch müssen die gesteckten Projektziele so heruntergebrochen und „übersetzt" werden, dass sie von den Projektbeteiligten und anderen Stakeholdern verstanden, akzeptiert und ausgeführt bzw. unterstützt werden. Für Mitarbeiter, Lieferanten oder Subunternehmer sind aus den Projektzielen Arbeitsaufträge und damit verbundene Leistungs- oder Ergebnisziele zu definieren. Mit anderen Stakeholdern (z. B. Projektauftraggebern, betroffenen Fachabteilungen, Management) ist zu klären, wie ihre individuellen Ziele in den Projektzielen berücksichtigt und miteinander in Einklang gebracht werden können und wie sie selbst zur Zielerreichung beitragen können. Hier liefert die Forschung zur Zielsetzungstheorie dem Projektleiter unmittelbare Ansatzpunkte, um Mitarbeiter und andere Stakeholder zu zielrelevantem Verhalten zu motivieren und die Leistung des Projektteams zu fördern (siehe Abschn. 3.2.2). Sie lassen sich in der Praxis beispielsweise durch die folgenden Hilfsmittel und Vorgehensweisen umsetzen:

- **Prozesse:** Sie beschreiben, wann, wie und mit welchem Ergebnis der Projektleiter Ziele für das Projekt definieren muss. Die dort festgelegten Meilensteine und Reviewzeitpunkte helfen ihm auch, den Mitarbeitern bzw. anderen Stakeholdern die Ziele zu kommunizieren und daraus z. B. Arbeitsziele für das Team und die einzelnen Mitarbeiter abzuleiten.
- **Partizipation:** Wenn die Mitarbeiter bei der Definition von Arbeitszielen und bei der Auswahl der von ihnen persönlich zu erreichenden Ziele mitreden können, erhöht dies ihre Zielbindung und somit auch ihre Leistungsbereitschaft. Soweit es Projektziele betrifft, sollten auch die betroffenen Stakeholder gehört und ihr Konsens gesichert werden. Partizipative Führung setzt allerdings gegenseitiges Vertrauen, eine hohe soziale Kompetenz, Wissen und ein kluges Konfliktmanagement bei den Beteiligten voraus; ferner muss die Partizipation gewünscht sein (Wegge & Schmidt, 2012).
- **Herunterbrechen der Ziele in SMARTe Teilziele:** Ausgehend von den übergeordneten Zielen und Teilzielen des Projektes sind spezifische Arbeitsziele für das Team und die einzelnen Mitarbeiter zu definieren. Sie sollten SMART, d. h. **S**pezifisch, **M**essbar, **A**kzeptiert, **R**ealistisch und **T**erminiert sein. Beispiel: Mit einem Mitarbeiter wird das spezifische, messbare und terminierte Ziel „Bis zum 30.04. drei Alternativangebote für Bauteil XY einholen" vereinbart. Der Mitarbeiter hat das Ziel selbst vorgeschlagen und kennt drei Unternehmen, die in Frage kämen; das Ziel ist also für ihn akzeptabel und realisierbar. Zusätzlich sollte der Projektleiter die an ihn und sein Team gerichteten Erwartungen wichtiger Stakeholder gemeinsam mit diesen SMART formulieren.
- **Feedback geben:** Der Projektleiter kann die Zielbindung von Mitarbeitern und Stakeholdern erhöhen, indem er ihnen Feedback zu Zielfortschritten gibt und bei Mitarbeitern zielführendes Leistungsverhalten anerkennt. Außerdem trägt das Feedback dazu bei, unterschiedliche oder geänderte Auffassungen in Bezug auf das Ziel rechtzeitig zu erkennen, bei Bedarf Ziele anzupassen und wieder Konsens herzustellen.

Fallstricke und Fehler in der Praxis: Je komplexer eine Aufgabe ist, desto schwieriger wird die Formulierung SMARTer Ziele. Komplexe Aufgaben oder Ziele werden deshalb besser in einzelne SMARTe Teilziele heruntergebrochen.

Bei komplexen Problemen oder kreativen Herausforderungen können ein allzu großer Zeitdruck sowie enge Vorgaben (z. B. zum Lösungsweg) und Kontrollen die Leistung beeinträchtigen. Es kommt den Ergebnissen zugute, wenn Mitarbeiter oder zuarbeitende Stakeholder bei komplexen Aufgaben angeregt werden, möglichst vielfältige und auch neue Lösungsstrategien zu verfolgen. Außerdem brauchen sie ausreichend zeitlichen Spielraum, um verschiedene Lösungen zu finden und durchzuspielen.

4.3   Empfehlungen zur prozessorientierten Mitarbeiterführung

4.3.1   Erfolgsfaktor transaktionale Führung

Andockend an die oben beschriebene Zielsetzungstheorie empfiehlt sich die transaktionale Führung deshalb, weil sie das Setzen und Spezifizieren der Ziele beinhaltet, die zielgerichtete Aufmerksamkeit und Strategiefindung sowie die Komplexität der Aufgaben steuert (z. B. Herunterbrechen in Teilziele) und Feedback gewährleistet in Form der Anerkennung und Belohnung von Leistungen und Fortschritten.

Dies geschieht sowohl über das Führungsverhalten des Projektleiters als auch über ausreichend elaborierte Prozesse. So werden nach DIN 69901-2 (2009a) beispielsweise in der Definitionsphase und in der Planungsphase die Ziele bzw. Teilziele (Vorgaben für Arbeitspakete) spezifiziert. In der Planungsphase werden Arbeitspakete geschnürt und somit die Komplexität der einzelnen Aufgaben gesteuert. Die kontrollierenden Aktivitäten der Steuerungsphase lenken die Aufmerksamkeit und die Strategiefindung auf das Ziel. Das Feedback des Projektleiters an die Mitarbeiter ist vor allem in der Steuerungsphase und in der Abschlussphase vorgesehen, wenn bei der Umsetzung korrigierend eingegriffen werden muss bzw. wenn die Leistungen gewürdigt werden. Prozesse sind demnach ein mögliches, wenn auch nicht hinreichendes Instrument der transaktionalen Führung. Vor allem das anerkennende und belohnende Feedback muss vom Projektleiter kommen – und zwar nicht erst zum Abschluss des Projektes. Insbesondere bei der Umsetzung sollten Zielfortschritte und Erfolge der Mitarbeiter zeitnah aufgegriffen und gewürdigt werden. Darüber hinaus gelten die o. g. Erfolgsfaktoren der zielorientierten Führung.

Fallstricke und Fehler in der Praxis: Das Feedback stellt eine häufige Quelle von Versäumnissen und Fehlern dar. Projektleiter bedenken oft nicht, wie wichtig es für Mitarbeiter ist, dass ihre Beiträge gesehen und wertgeschätzt werden. Der Projektleiter sollte deshalb gute Leistungen zeitnah würdigen und dabei die erfolgsrelevanten Verhaltensweisen von Mitarbeitern herausstreichen. Auch im Kritikfall sollte er das Verhalten des Mitarbeiters thematisieren und verdeutlichen, wie man es besser machen kann. Das verhaltensorientierte – im Vergleich zum ergebnisorientierten – Feedback ermöglicht die Steuerung erfolgsförderlichen Verhaltens, wobei positives Feedback wirksamer ist als negatives Feedback. Gibt der Projektleiter nur zu Ergebnissen Feedback, erfährt der Mitarbeiter zwar, ob er seine Sache gut oder weniger gut gemacht hat, aber er lernt nicht, welche Verhaltensweisen zum Erfolg führen.

Was die Art und das Timing anbelangt, so kann kontrollierendes oder korrigierendes Feedback die Leistung und die Kreativität der Mitarbeiter beim Erarbeiten komplexer Problemlösungen oder bei der Ideengenerierung beeinträchtigen. Dies gilt insbesondere für die kreativen Phasen und Aktivitäten vor und während des Projektes. In Zeiten hoher Arbeitsbelastung und Frustration stellen anerkennende und wertschätzende Feedbacks zudem überaus wirksame Stresspuffer für die Mitarbeiter dar.

Erfahrene Projektleiter versäumen es nicht, Teamleistungen vor wichtigen Stakeholdern herauszustreichen. Dagegen stellen sie sich bei Kritik – auch wenn sie berechtigt ist – vor ihr Team und verzichten ihrerseits darauf, einzelne Mitarbeiter vor anderen zu kritisieren.

4.3.2 Erfolgsfaktor transformationale Führung

In frühen Phasen, vor allem bei der Projektvorbereitung, bietet ein transformationaler Führungsstil die Möglichkeit, die Mitarbeiter durch eine Projektvision zu begeistern, sie intrinsisch zu motivieren, aber auch zu öffnen für das Einbringen von kritischen Akzenten und Optimierungsideen. Dabei ist es sinnvoll, das vorhandene Wissen und die Kompetenzen aller einzelnen Projektmitarbeiter für das gesamte Team transparent zu machen.

In den umsetzungsbetonten Phasen steigen gewöhnlich die Arbeitsbelastungen, der Zeitdruck und die Rückschläge. Der Projektleiter führt seine Mitarbeiter in diesen Zeiten vorzugsweise nicht nur transaktional, sondern motiviert sie zudem durch einen transformationalen Führungsstil – indem er ihre Bedürfnisse beachtet, ihnen ein Vorbild ist und ihnen die Wichtigkeit des Projekts, des Teams und jedes einzelnen Beitrags vor Augen führt.

Fallstricke und Fehler in der Praxis: Wenn der richtige Lösungsweg erst einmal gefunden ist, sollte der Projektleiter die geistige Anregung drosseln, denn dann steht die Umsetzung im Vordergrund. Immer wieder neue Ideen und das Hinterfragen bereits ausgewählter Lösungen würden die Umsetzung verzögern und den Erfolg gefährden. Am besten erläutert der Projektleiter diesen Zusammenhang, damit das Team den Wechsel in seinem Führungsverhalten versteht und akzeptiert.

Transformationale Führung ist noch keine ethische Führung. Die Schattenseite einer besonders effektiven Führung kann darin bestehen, dass die Mitarbeiter sich für das Projekt und den idealisierten Projektleiter aufreiben und ihre eigenen Interessen (Karriere, Gesundheit, Work-Life-Balance) vernachlässigen. Der Projektleiter muss sich auch in Zeiten hoher eigener Belastungen seiner Verantwortung bewusst sein und das Wohlergehen seiner Mitarbeiter berücksichtigen.

4.4   Empfehlungen für die Führung von Stakeholdern: Prozessorientierte Mikropolitik

4.4.1   Erfolgsfaktor Stakeholdermanagement

Damit einzelne Stakeholder ihre Interessen gewahrt sehen und das Projekt nicht boykottieren, sollten Projektleiter wichtige Stakeholder und deren Motive, Interessen und Erwartungen identifizieren. Sie sollten außerdem wissen, von welchen Personen sie bei Bedarf unterstützt werden können. Hierzu bieten sich **Stakeholder-Analysen** an, wie sie in der Projektmanagement-Literatur beschrieben sind (z. B. bei Ellmann et al., 2014), ergänzt um psychologische Aspekte wie „hidden agendas" und unbewusste Motive von Stakeholdern (siehe z. B. Brodbeck & Guillaume, 2012; McClelland, 1985).

Auch bei der Stakeholder-Analyse empfiehlt sich ein prozessorientierter Ansatz, da sich die Stakeholder-„Landschaft" im Projektverlauf üblicherweise immer wieder verändert: Die Stakeholder und/oder deren Ziele und Interessen wechseln. Für den Projektleiter ist deshalb die Stakeholder-Analyse keine einmalige Aktivität in der Definitionsphase (laut DIN 69901-2, 2009a), sondern Teil eines kontinuierlichen, projektbegleitenden **Stakeholdermanagements**. Es umfasst die Identifikation von Stakeholdern, das Einholen und Analysieren von deren Einstellungen, Betroffenheit, Erwartungen und Einfluss, die Aktionsplanung (z. B. Maßnahmen zur Einbindung von Stakeholdern) und das Monitoring von Veränderungen der Stakeholder-„Landschaft" im Verlauf des Projektes (Ellmann et al., 2014).

Sofern bereits Erfahrungen aus ähnlichen Projekten vorliegen, kann der Projektleiter auch Verfahren nutzen, welche antizipieren, in welchen Phasen bzw. bei welchen Projektsituationen und -aufgaben welche Stakeholder besonders wichtig sind und wie ihnen zu den verschiedenen Zeitpunkten angemessen Rechnung zu tragen ist. Ein Beispiel hierfür ist die Timeline Stakeholder Analysis (Wastian et al., 2009). Sie ermöglicht es ihm, seine Einflusstaktiken besser an die Situation anzupassen und schon im Vorfeld zu überlegen, was vor allem bei wichtigen Projekten und bei noch mangelnder Erfahrung von Vorteil ist. Darüber hinaus könnten Projektleiter prozessnah und situationsspezifisch gecoacht werden, um die richtigen Einflusstaktiken zur rechten Zeit anzuwenden.

Fallstricke und Fehler in der Praxis: Bereits bei der Bedarfsklärung zu Beginn des Projektes wird es vielfach unterlassen, sämtliche relevanten Stakeholder-Informationen einzuholen und dabei die Motive, Interessen und Erwartungen von Kunden, Kapitalgebern und anderen beteiligten Akteuren kennen zu lernen bzw. zu klären (Schneider & Wastian, 2012). Es ist deshalb ratsam, das o. g. prozessorientierte Stakeholdermanagement so früh wie möglich in Angriff zu nehmen und projektbegleitend weiter zu betreiben.

Eine besondere Herausforderung besteht darin, auch die verdeckten Ziele und unbewussten Motive wichtiger Stakeholder zu erkennen. Sie haben für die Betreffenden im Allgemeinen eine größere persönliche Relevanz als projektbezogene Ziele und sollten deshalb bei der Stakeholder-Analyse und -Kommunikation vorrangig adressiert werden. Bei Bedarf können die dafür notwendigen Kompetenzen und Strategien kurzfristig und projektnah im Rahmen eines psychologischen Projektcoaching entwickelt werden (siehe z. B. das Verfahren und das Fallbeispiel bei Wastian & Kronenberg, 2014).

Je weiter die Umsetzung voranschreitet und das Projektende naht, desto wichtiger wird es, dass der Projektleiter den Stakeholdern den Erfolg und die Projektergebnisse überzeugend präsentiert. Es reicht nicht, dass ein Projekt gut läuft – die entscheidenden Stakeholder müssen dies schnell erkennen und in Bezug auf ihre eigenen Interessen als relevant erachten. Bei Abweichungen kommt es zudem darauf an, fundierte Lösungsvorschläge zu unterbreiten und insbesondere Nachforderungen gut zu untermauern. In beiden Fällen legt das Stakeholdermanagement mit einer kontinuierlichen Reflexion der Erwartungen den Grundstein, denn die Stakeholder wollen ihre Erwartungen erfüllt sehen – und Abweichungen nachvollziehbar und akzeptabel erklärt bekommen.

4.4.2 Erfolgsfaktoren Machtgrundlagen und Einflusstaktiken

Projektleiter sollten ihre Machtgrundlagen stärken (Solga & Blickle, 2012), indem sie sich beispielsweise als Experten profilieren, ihre Beziehungen pflegen, ihren Zugang zu Informationen sowie ihre Teilhabe an Entscheidungen stärken. Freiwilliges Engagement wie die Mitarbeit in Gremien kann dabei helfen. Eine kontinuierliche Pflege ihrer Netzwerke ermöglicht es Projektleitern, frühzeitig auf informellen Wegen an wichtige Informationen heranzukommen und spätestens im Krisenfall zu wissen, wo sie Unterstützung finden können.

Wichtig ist auch, dass Projektleiter ihr Repertoire an Einflusstaktiken erweitern und bevorzugt diejenigen zum Einsatz bringen, welche sich, wie im Abschn. 3.2.4 beschrieben, als besonders förderlich für den Projektverlauf bzw. für die eigene Karriere erwiesen haben:

- **Wertschätzung ausdrücken:** Dies muss wohldosiert und für den Empfänger nachvollziehbar erfolgen, da plumpe, unbegründete Schmeicheleien eine negative Wirkung haben können (Solga & Blickle, 2012).

- **Rationales Argumentieren:** Darauf kommt es besonders in aushandlungsintensiven Phasen wie der Definitions- oder der Steuerungsphase an, wenn der Projektleiter konfligierende Interessen und Ziele unter einen Hut bringen, Abstriche „verkaufen", Änderungswünsche begrenzen oder Nachforderungen durchsetzen muss. Sorgfältige Analysen und deren zielgruppengerechte, visuell gestützte Aufbereitung erleichtern das Argumentieren. Der Projektleiter sollte „mit Puffer" argumentieren, d. h. bei notwendigen Abstrichen Verhandlungsmasse anbieten, um den Stakeholdern Verhandlungsgewinne zu ermöglichen und sie vor Gesichtsverlust zu schützen.
- **Tauschangebote:** Sie können das rationale Argumentieren bei den soeben genannten Aushandlungen flankieren, beispielsweise indem Alternativvorschläge unterbreitet werden, bei welchen im „Tausch" gegen Abstriche jeweils unterschiedliche Vorteile angeboten werden (z. B. eingeschränkte Funktionalität im Tausch gegen Kosteneinsparungen). Tauschangebote empfehlen sich außerdem schon vor oder zum Projektstart oder in der Steuerungsphase, um die notwendigen Ressourcen (z. B. begehrte Mitarbeiter) zu bekommen, zu halten oder aufstocken zu können. Die Tauschangebote müssen für den Empfänger attraktiv sein. Der Projektleiter sollte also hinterfragen, was der Empfänger sich wünscht oder was er vermeiden möchte, bevor er sein Angebot macht.
- **Konsultation einflussreicher Stakeholder,** idealerweise schon vor dem Projektstart, spätestens aber beim Festlegen der Projektziele.
- **Bildung von Koalitionen:** Auch Koalitionen bildet man am besten bereits vor dem Projektstart und pflegt sie kontinuierlich.
- **Einschalten höherer Instanzen:** Insbesondere bei unlösbaren Konflikten, bei Projektkrisen und wenn Entscheidungen getroffen werden, zu denen der Projektleiter nicht ermächtigt ist, kann das rechtzeitige Einschalten höherer Instanzen erfolgsentscheidend sein. Grundlegende Eskalationsregeln und -wege sollten schon im Vorfeld geklärt und festgelegt werden, z. B. in den Prozessen.
- **Selbstpromotion:** Wichtige Präsentationen – z. B. zum Abschluss des Projektes oder entscheidender Phasen – und Kontakte mit einflussreichen Stakeholdern stellen günstige Gelegenheiten zur Selbstpromotion dar.

Insbesondere psychologische Projektcoachings (Wastian et al., 2012; Wastian & Kronenberg, 2014, 2015), aber auch gezielte Trainings oder das Einholen von Feedback (z. B. von vertrauten und erfahrenen Kollegen) können den Projektleiter beim Erlernen und beim Einsatz dieser Einflusstaktiken unterstützen.

Fallstricke und Fehler in der Praxis: Gerade unerfahrene Projektleiter versäumen es häufig, *frühzeitig* verbindliche Beziehungen zu schaffen und hilfreiche

Koalitionen mit Personen zu schmieden, die im Unternehmen oder darüber hinaus Einfluss haben. Ein weiterer Fehler besteht darin, Beziehungen punktuell (z. B. nur im Hinblick auf das gerade anstehende Projekt) aufzubauen und zu nutzen, aber dann nicht mehr angemessen zu pflegen. Häufig werden gerade unter Stress, wie er im Projektumfeld leicht entstehen kann, soziale Kontakte vernachlässigt. Dies kann dazu führen, dass der Projektleiter von potenziellen Unterstützern als manipulativ und nur auf seinen Vorteil bedacht wahrgenommen wird. Die Pflege von Netzwerken und Beziehungen sollte deshalb ein dauerhaftes, projektübergreifendes, aufrichtiges und auf Gegenseitigkeit ausgerichtetes Anliegen sein.

Bei einigen Einflusstaktiken lauern Fallstricke. So kann der Schuss bei einer plumpen, unglaubwürdigen Schmeichelei oder bei einer übertriebenen Selbstdarstellung leicht nach hinten losgehen. Zu viel Selbstpromotion weckt beim Gegenüber leicht den Eindruck mangelnder Kompetenz (Solga & Blickle, 2012).

In der Projektarbeit werden die eigenen Interessen und Motive oftmals durch *scheinbar* rationales Argumentieren verschleiert. Diese Taktik kann sich in Konfliktsituationen verstärken, was die Konfliktbearbeitung erschwert. Der Projektleiter achtet am besten sensibel darauf, ob sich hinter dem rationalen Argumentieren anderer vielleicht „hidden agendas" verbergen. Solange nicht ein Konflikt die Offenlegung der unterschiedlichen Stakeholder-Motive und -Interessen erfordert, sollte der Projektleiter jedoch vermeiden, dass ein Stakeholder durch die Offenlegung seiner wahren Motive sein Gesicht verliert oder für einen Konsens notwendige Abstriche als Verlust empfindet. Vielmehr hat es sich gerade in Entscheidungsphasen, wenn verschiedene Stakeholder ihre mitunter unvereinbaren Motive durchsetzen wollen, als erfolgreich erwiesen, wenn Projektleiter „das Spiel mitspielen", indem sie die Wünsche und Argumente der Stakeholder aufgreifen, die Umsetzbarkeit sorgfältig prüfen und erforderliche Abstriche zwar durch rationale Argumente begründen – dabei aber ihrerseits „Verhandlungsmasse" einbauen, die ihnen noch ein Nachgeben ermöglicht, wenn sie verschiedene Interessen unter einen Hut bringen müssen (Wastian, 2015). Auf diese Weise gelingt es ihnen, die einzelnen Stakeholder selbst dann als Gewinner aus dem Konsens hervorgehen zu lassen, wenn deren Erwartungen nicht vollständig erfüllbar sind.

4.5 Zusammenfassung der Empfehlungen

Checkliste 4.1 fasst die Empfehlungen für die Umsetzung der prozessorientierten Führung in der Praxis zusammen.

Dimension	Erfolgsfaktoren nutzen – Fallstricke und Fehler vermeiden
Übergreifend	• Je nach Anforderung die richtige Unterstützung suchen (siehe Anforderungs-Maßnahmen-Kompass in Abb. 4.1) • Für spezifische, situative und zeitkritische Anforderungen hoch flexible Unterstützung nutzen: - Psychologisches Projektcoaching zur prozess- und zielorientierten Führung von Mitarbeitern und anderen Stakeholdern (Themen in dieser Checkliste) oder zum Selbstmanagement des Projektleiters. - Projektmanagement-Beratung und erfahrene Kollegen („alte Hasen") zu den „klassischen" Projektmanagement-Themen – Managen und Koordinieren von Abläufen und Ressourcen.
Prozessorientierung	• Vorgehensmodelle nutzen und - Ggf. an Projektrealität anpassen; - Ggf. Zustimmung/Rückendeckung „von oben" holen; - Sicherstellen, dass Mitarbeiter/Stakeholder das Modell und die Prozesse kennen. • Psychologisches Projektcoaching nutzen.
Zielorientierung	• Ziele anhand von Prozessen definieren und kommunizieren; • Daraus Arbeitsziele für Mitarbeiter ableiten. • SMARTe – d. h. spezifische, messbare, akzeptierte, realistische und terminierte – Ziele mit Mitarbeitern und Stakeholdern definieren. • Zielkonsens sichern, Beteiligte unter Umständen bei der Zielfindung einbinden. • Komplexe Ziele und Aufgaben in SMARTe Teilziele herunterbrechen. • Spielraum statt Kontrolle und Vorgaben bei kreativen, komplexen Anforderungen. • Mitarbeitern und Stakeholdern Feedback zu Zielfortschritten geben – bei Bedarf Ziele anpassen und Konsens sichern.

Dimension	Erfolgsfaktoren nutzen – Fallstricke und Fehler vermeiden
Führung von Mitarbeitern	• Transaktional – d. h. entsprechend den Empfehlungen zur Zielorientierung – führen - in Phasen und Prozessen, bei denen umsetzende und kontrollierende Aktivitäten im Vordergrund stehen (z. B. Steuerungs- und Abschlussphase). - Gute Leistungen **zeitnah** anerkennen. - Leistung insbesondere in Umsetzungsphasen und sonstigen Zeiten hoher Arbeitslast würdigen. - Lob, aber auch Kritik, auf das Verhalten des Mitarbeiters beziehen, weniger auf die Arbeitsergebnisse - Feedback vor allem zu positiven Verhaltensweisen geben, statt weniger zielführende Verhaltensweisen kritisieren. - In kreativen Phasen und Prozessen oder bei komplexen Problemlösungen kontrollierendes oder korrigierendes Feedback vermeiden. - Vor wichtigen Stakeholdern Teamleistungen herausstreichen und Mitarbeitern Rückendeckung bei Kritik geben. • Transformational führen, wie unter 4.2.2 beschrieben: - In frühen Phasen Mitarbeiter für Projektvision begeistern und - sie ermutigen, ihre Ideen und Verbesserungsvorschläge einzubringen. - In umsetzungsbetonten Phasen besonders auf die Bedürfnisse und Beiträge der Mitarbeiter eingehen und ihnen ein Vorbild sein. • Wechsel zwischen transformationalem und transaktionalem Führungsverhalten nachvollziehbar machen (geistige Anregung zur Lösungsfindung vs. Steuerung und Kontrolle zur Umsetzung). • Das Wohlergehen der Mitarbeiter im Auge behalten (Karriere, Gesundheit, Work-Life-Balance).
Führung von Stakeholdern: Mikropolitik	• Stakeholder-Management betreiben incl. Stakeholder-Analysen - bereits ab der Bedarfsklärung, kontinuierlich projektbegleitend, - an den Phasen und Prozessen des Projektmanagements orientiert. - „Hidden agendas" und unbewusste Motive von Stakeholdern berücksichtigen – ggf. mit Hilfe von psychologischem Projektcoaching. - Mit zunehmendem Projektfortschritt Erfolge und Ergebnisse überzeugend präsentieren, - bei Abweichungen fundierte Lösungsvorschläge unterbreiten, - Nachforderungen gut untermauern.

Dimension	Erfolgsfaktoren nutzen – Fallstricke und Fehler vermeiden

	• Eigene Machtgrundlagen stärken (Expertise, Beziehungspflege, Zugang zu Informationen und Teilhabe an Entscheidungen).
	  - Dabei Netzwerke frühzeitig aufbauen und kontinuierlich pflegen.
	  - Beziehungspflege als aufrichtiges Anliegen zum gegenseitigen Wohl und Nutzen verstehen.
	• Einflusstaktiken nutzen (siehe Erfolgsfaktoren und Fallstricke laut Abschn. 4.4.2).
	• Aufmerksamkeit auf Hidden Agendas – aber Stakeholder nicht Gesicht verlieren und Verluste empfinden lassen. Deshalb
	  - Wünsche und Argumente aufgreifen und prüfen,
	  - Abstriche rational begründen und mit „Verhandlungsmasse" argumentieren.

Die Zukunft der Führung in Projekten 5

Die hier vorgestellten Ansätze für eine prozessorientierte Führung in Projekten nehmen die Zukunft bereits ein Stück weit vorweg. Die wachsende Bedeutung der Projektarbeit in Unternehmen führt zu einer zunehmenden Professionalisierung der Projektarbeit, was auch eine starke Prozessorientierung umfasst. Mehr und mehr wird dabei die Bedeutung psychologischer Konzepte erkannt, wie sich vor allem in den Qualifizierungs- und Zertifizierungsangeboten für Projektmanager zeigt. Prozessorientierten Führungsansätzen, welche Führung nicht nur auf die Führung von Mitarbeitern beschränken, wird deshalb die Zukunft im Projektmanagement gehören. Sowohl Projektexperten als auch die mit Führung und Personalarbeit befassten Psychologen haben dabei jedoch noch einige Hürden zu nehmen:

Die Psychologen müssen sich zumindest mit den Grundlagen des Projektmanagements vertraut machen, um die klassischen Führungsansätze und Methoden der Personalarbeit prozessorientiert auszugestalten und auf die spezifischen Herausforderungen der Projektarbeit zuzuschneiden. Mangelndes Projektwissen in den Personalabteilungen mag ein Grund dafür sein, dass Personalfachkräfte insbesondere in technisch dominierten Unternehmen oft nicht ausreichend akzeptiert werden, um die Führung in Projekten strategisch mitzugestalten oder um Projektleiter bei der Vorbereitung oder Durchführung ihrer Projekte zu unterstützen.

Umgekehrt muss sich bei Projektexperten vielfach erst noch die Einsicht durchsetzen, dass Psychologie nicht etwas ist, was quasi jeder kann, sondern dass Psychologen – genauso wie Experten anderer Disziplinen – über spezifisches Methodenwissen verfügen, von dem das Projektmanagement substanziell profitieren würde. Psychologische Themen werden zwar im Projektmanagement zunehmend aufgegriffen – meist aber nicht von Psychologen, sondern von Vertretern „klassischer"

© Springer Fachmedien Wiesbaden 2015
M. Wastian et al., *Führung und Mikropolitik in Projekten,* essentials,
DOI 10.1007/978-3-658-10321-7_5

Projektmanagement-Domänen (Wirtschaftswissenschaftler, Ingenieure, Informatiker) und anderer Disziplinen. Die Folge ist unter anderem, dass bislang meist nur punktuell auf psychologische Erkenntnisse zurückgegriffen wird (z. B. in Form von einzelnen Trainings), anstatt eine breite und tiefe psychologische Expertise für übergreifende strategische Verbesserungen im Projektmanagement zu nutzen. Hierzu gehören beispielsweise psychologisch begründete Verbesserungen von Projektmanagement-Prozessen, ein systematisches Kompetenzmanagement oder Konzepte zur Stressprävention.

Gemeinsam würden Projektmanagement-Experten und psychologisch qualifizierte Führungs- bzw. Personalexperten ihre „PS besser auf die Straße bringen", wenn es um die Verbesserung der Führung in Projekten und um die Gestaltung von Strukturen und Prozessen zur Unterstützung des Projektmanagements geht. Dabei könnten u. a. folgende Themen auf der Agenda für die Projektführung der Zukunft stehen und zum Diskurs, zum Austausch und zur Kooperation anregen:

Verbesserung von Prozessen: In Vorgehensmodelle für das Projektmanagement ließen sich Ansätze für eine prozessorientierte Führung, wie wir sie in diesem Beitrag skizziert haben, integrieren. Beispielsweise könnte man die in der IPMA Competence Baseline ICB 3.0 definierten Verhaltenskompetenzen unter Berücksichtigung psychologischer Erkenntnisse an die Projektmanagement-Prozesse nach DIN 69901-2 (2009a) andocken.

Kompetenzprofile für das Projektmanagement als Grundlage für eine prozessorientierte Personalarbeit: Kompetenzprofile liefern die Grundlage für die Gestaltung von Instrumenten und Verfahren der Personalauswahl, Personalentwicklung und Leistungsbeurteilung. Die Profile für Linienfunktionen und die daraus abgeleiteten Verfahren sind jedoch nur eingeschränkt für die Projektarbeit tauglich, da sie nicht flexibel genug sind und nicht aufzeigen, wann welche Kompetenzen im Projektverlauf benötigt werden. Wir empfehlen deshalb die Entwicklung von Profilen, welche die Kompetenzanforderungen an Projektleiter und andere Projektbeteiligte prozessorientiert abbilden.

Psychologische Projektcoachings: Dazu zählen Einzelcoachings für den Projektleiter oder für andere Projektbeteiligte, Teamcoachings oder Prozesscoachings nach psychologischen Methoden (Wastian et al., 2012). Sie empfehlen sich zur Vorbereitung auf Projekte, bei spezifischen Herausforderungen während der Projektarbeit, zur Reflexion der „lessons learned" oder projektübergreifend zur Verbesserung von Prozessen. Ein Projektleiter profitiert beispielsweise meist mehr von einem Projektcoaching als von einem Training, da das Coaching exakt auf seinen Bedarf, auf seine Stärken und Schwächen sowie auf die jeweiligen Prozesse und Herausforderungen im Projekt zugeschnitten werden kann (siehe z. B. die Fallbeispiele bei Wastian & Kronenberg, 2014, 2015).

Selbstmanagement: Wie eingangs erläutert, sollte ein prozessorientierter Führungsansatz auch das Selbstmanagement des Projektleiters beinhalten. Psychologen und Projektexperten können hierfür gemeinsam Konzepte entwickeln, um Projektleiter bei ihrem Zeit- und Stressmanagement zu unterstützen, ihre Work-Life-Balance zu verbessern und ihre Wachstums- und Entwicklungsbedürfnisse zu befriedigen.

Aus- und Weiterbildung von Psychologen und Projektmanagern: Im Psychologiestudium wird das Thema Projektmanagement bislang weitestgehend ausgeblendet. In Anbetracht der wachsenden Bedeutung der Projektarbeit würden Arbeits- und Organisationspsychologen sehr davon profitieren, wenn diese Lücke in den Curricula geschlossen würde. In den Ingenieurswissenschaften, in der Informatik sowie in der Qualifizierung und Zertifizierung von Projektmanagern bietet es sich an, psychologische Themen von denjenigen vermitteln zu lassen, die am meisten davon verstehen: von Psychologen. Die jeweiligen Bildungskonzepte werden idealerweise von Psychologen und Projektmanagement-Experten gemeinsam entwickelt.

Was Sie aus diesem Essential mitnehmen können

- Sie lernen einen neuen Ansatz kennen, der zentrale psychologische Dimensionen der Projektleitung – die Mitarbeiterführung und die Mikropolitik – prozessorientiert an das „klassische" Projektmanagement andockt.
- Sie bekommen einen Überblick, wie sich Führungs- und Stakeholdermanagement-Aufgaben mit den „klassischen" Projektmanagement-Prozessen synchronisieren lassen.
- Sie verstehen die psychologischen Hintergründe zu Erfolgsfaktoren, aber auch zu typischen Fallstricken und Fehlern bei der Mitarbeiterführung und der Mikropolitik in Projekten.
- Sie erhalten konkrete, psychologisch fundierte Handlungsempfehlungen, wie Sie die Mitarbeiterführung und das Stakeholdermanagement im Projekt verbessern können.

© Springer Fachmedien Wiesbaden 2015   41
M. Wastian et al., *Führung und Mikropolitik in Projekten*, essentials,
DOI 10.1007/978-3-658-10321-7

Literatur

Brodbeck, F. C., & Guillaume, Y. (2012). Umgang mit Informationen und Meinungsbildung in Projekten. In M. Wastian, I. Braumandl, & L. von Rosenstiel (Hrsg.), *Angewandte Psychologie für das Projektmanagement. Ein Praxisbuch für die erfolgreiche Projektleitung* (2. Aufl., S. 41–60). Heidelberg: Springer.

Burns, J. M. (1978). *Leadership*. New York: Harper & Row.

DIN Deutsches Institut für Normung. (2009a). *DIN 69901-2. Projektmanagement - Projektmanagementsysteme. Teil 2: Prozesse, Prozessmodell*. Berlin: Beuth Verlag.

DIN Deutsches Institut für Normung. (2009b). *DIN 69901-5. Projektmanagement - Projektmanagementsysteme. Teil 5: Begriffe*. Berlin: Beuth Verlag.

Ellmann, S., Behrend, F. D., Hübner, R. & Weitlander, E. (2014). Interessengruppen / Interessierte Parteien. In M. Gessler (Hrsg.), *Kompetenzbasiertes Projektmanagement (PM3). Handbuch für die Projektarbeit, Qualifizierung und Zertifizierung auf Basis der IPMA Competence Baseline Version 3.0* (6. Aufl., S. 67-97). Nürnberg: GPM Deutsche Gesellschaft für Projektmanagement.

Gessler, M. (Hrsg.). (2014). *Kompetenzbasiertes Projektmanagement (PM3). Handbuch für die Projektarbeit, Qualifizierung und Zertifizierung auf Basis der IPMA Competence Baseline Version 3.0* (6. Aufl.). Nürnberg: GPM Deutsche Gesellschaft für Projektmanagement.

Gessler, M. & Kaestner, R. (2014). Projektphasen. In M. Gessler (Hrsg.), *Kompetenzbasiertes Projektmanagement (PM3). Handbuch für die Projektarbeit, Qualifizierung und Zertifizierung auf Basis der IPMA Competence Baseline Version 3.0* (6. Aufl., S. 349-365). Nürnberg: GPM Deutsche Gesellschaft für Projektmanagement.

Judge, T. A., & Piccolo, R. F. (2004). Transformational and transactional leadership: A meta-analytic test of their relative validity. *Journal of Applied Psychology, 89*(5), 755–768.

Kuhrts, J., Braumandl, I., & Weisweiler, S. (2012). Das Selbstmanagement des Projektleiters. In M. Wastian, I. Braumandl, & L. von Rosenstiel (Hrsg.), *Angewandte Psychologie für das Projektmanagement. Ein Praxisbuch für die erfolgreiche Projektleitung* (2. Aufl., S. 225–244). Heidelberg: Springer.

© Springer Fachmedien Wiesbaden 2015
M. Wastian et al., *Führung und Mikropolitik in Projekten*, essentials,
DOI 10.1007/978-3-658-10321-7

Lechler, T., & Gemünden, H. G. (1998). Kausalanalyse der Wirkungsstruktur der Erfolgsfaktoren des Projektmanagements. *Die Betriebswirtschaft, 58*(4), 435–450.

Locke, E. A., & Latham, G. P. (2002). Building a practically useful theory of goal setting and task motivation. *American Psychologist, 57*(9), 705–717.

Maier, G. W., & Hülsheger, U. R. (2012). Innovation und Kreativität in Projekten. In M. Wastian, I. Braumandl, & L. von Rosenstiel (Hrsg.), *Angewandte Psychologie für das Projektmanagement. Ein Praxisbuch für die erfolgreiche Projektleitung* (2. Aufl., S. 247–262). Heidelberg: Springer.

McClelland, D. C. (1985). *Human motivation.* Glenview: Scott, Foresman and Co.

Mourgue d'Algue, H. & Seibert, S. (2014). Projektphasen. In M. Gessler (Hrsg.), *Kompetenzbasiertes Projektmanagement (PM3). Handbuch für die Projektarbeit, Qualifizierung und Zertifizierung auf Basis der IPMA Competence Baseline Version 3.0* (6. Aufl., S. 1597-1619). Nürnberg: GPM Deutsche Gesellschaft für Projektmanagement.

Müller, R., & Turner, R. (2010). Leadership competency profiles of successful project managers. *International Journal of Project Management, 28,* 437–448.

Raelin, J. A. (2011). The end of managerial control? *Group & Organization Management, 36*(2), 135–160.

Rank, J., Pace, V. L. & Frese, M. (2004). Three avenues for future research on creativity, innovation, and initiative. *Applied Psychology: An International Review, 53*(4), 518–528.

von Rosenstiel, L., Braumandl, I., & Wastian, M. (2012). Einführung. In M. Wastian, I. Braumandl, & L. von Rosenstiel (Hrsg.), *Angewandte Psychologie für das Projektmanagement. Ein Praxisbuch für die erfolgreiche Projektleitung* (2. Aufl., S. 1–17). Heidelberg: Springer.

Schelle, H., Ottmann, R., & Pfeiffer, A. (2008). *ProjektManager* (2). Nürnberg: GPM Deutsche Gesellschaft für Projektmanagement.

Schneider, M., & Wastian, M. (2012). Projektverläufe: Herausforderungen und Ansatzpunkte für die Prozessgestaltung. In M. Wastian, I. Braumandl, & L. von Rosenstiel (Hrsg.), *Angewandte Psychologie für das Projektmanagement. Ein Praxisbuch für die erfolgreiche Projektleitung* (2, Aufl., S. 21–40). Heidelberg: Springer.

Shalley, C. E., & Gilson, L. L. (2004). What leaders need to know: A review of social and contextual factors that can foster or hinder creativity. *Leadership Quarterly, 15*(1), 33–53.

Solga, J., & Blickle, G. (2012). Macht und Einfluss in Projekten. In M. Wastian, I. Braumandl, & L. von Rosenstiel (Hrsg.), *Angewandte Psychologie für das Projektmanagement. Ein Praxisbuch für die erfolgreiche Projektleitung* (2. Aufl., S. 145–164). Heidelberg: Springer.

Van de Ven, A. H., Polley, D. E., Garud, R., & Venkataraman, S. (1999). *The innovation journey.* New York: Oxford University Press.

VDI-Gesellschaft Entwicklung Konstruktion Vertrieb. (Hrsg.). (1993). *VDI 2221. Methodik zum Entwickeln und Konstruieren technischer Systeme und Produkte.* Berlin: Beuth Verlag.

Wagner, R., Roeschlein, R. & Waschek, G. (2014). Projekte, Projektmanagement und PM-Prozesse. In M. Gessler (Hrsg.), *Kompetenzbasiertes Projektmanagement (PM3). Handbuch für die Projektarbeit, Qualifizierung und Zertifizierung auf Basis der IPMA Competence Baseline Version 3.0* (6. Aufl., S. 27-42). Nürnberg: GPM Deutsche Gesellschaft für Projektmanagement.

Wang, G., Oh, I.-S., Courtright, S. H., & Colbert, A. E. (2011). Transformational leadership and performance across criteria and levels: A meta-analytic review of 25 years of research. *Group & Organization Management, 36*(2), 223–270.

Wastian, M. (2015). *Mikropolitik in Projekten - erfolgreiche Einflusstaktiken von Projektleitern.* Unveröffentlichtes Manuskript, München.

Wastian, M., & Kronenberg, M. (2014). Psychological project coaching: the success booster for projects and their managers. In S. Rietiker & R. Wagner (Hrsg.), *Theory meets practice in projects* (S. 288–301). Nürnberg: GPM.

Wastian, M., & Kronenberg, M. (2015). Projektcoaching – psychologische Beratung fürs Projektmanagement. In R. Wagner (Hrsg.), *Beratung von Organisationen im Projektmanagement* (S. 337–360). Düsseldorf: Symposion.

Wastian, M., Schneider, M., et al. (7–10 July 2009). *Timeline Stakeholder Analysis (TSA) – Identifying the whos, whens and hows for integrating stakeholders in innovation processes*. Paper presented at the 11th European Congress of Psychology ECP09, Oslo, Norway.

Wastian, M., Braumandl, I., & Dost, B. (2012). Projektcoaching als Weg zum erfolgreichen Projekt. In M. Wastian, I. Braumandl, & L. von Rosenstiel (Hrsg.), *Angewandte Psychologie für das Projektmanagement. Ein Praxisbuch für die erfolgreiche Projektleitung* (2. Aufl., S. 97–117). Heidelberg: Springer.

Wegge, J., & Schmidt, K.-H. (2012). Der Projektleiter als Führungskraft. In M. Wastian, I. Braumandl, & L. von Rosenstiel (Hrsg.), *Angewandte Psychologie für das Projektmanagement. Ein Praxisbuch für die erfolgreiche Projektleitung* (2. Aufl., S. 207–224). Heidelberg: Springer.

Lesen Sie hier weiter

Sven Grote (Hrsg.)

(Zukunft der Führung

2012, XIV, 655 S., 80 Abb.,
Hardcover: € 99,95
ISBN 978-3-642-31051-0

Änderungen vorbehalten.
Erhältlich im Buchhandel oder beim Verlag.

Einfach portofrei bestellen:
leserservice@springer.com
tel +49 (0)6221 345-4301
springer.com